Informatik aktuell

Herausgegeben im Auftrag der Gesellschaft für Informatik (GI)

Wolfgang A. Halang
Olaf Spinczyk (Hrsg.)

Betriebssysteme und Echtzeit

Echtzeit 2015

Fachtagung des gemeinsamen Fachausschusses
Echtzeitsysteme von
Gesellschaft für Informatik e.V. (GI),
VDI/VDE-Gesellschaft für Mess- und Automatisierungs-
technik (GMA) und
Informationstechnischer Gesellschaft im VDE (ITG)
sowie der Fachgruppe Betriebssysteme von GI und ITG
Boppard, 12. und 13. November 2015

GESELLSCHAFT FÜR INFORMATIK E.V.

VDI/VDE-Gesellschaft
Mess- und Automatisierungstechnik

ITG INFORMATIONSTECHNISCHE
GESELLSCHAFT IM VDE

Springer Vieweg

Herausgeber

Wolfgang A. Halang
Lehrstuhl für Informationstechnik
FernUniversität in Hagen
Hagen, Deutschland

Olaf Spinczyk
Lehrstuhl Informatik XII
Technische Universität Dortmund
Dortmund, Deutschland

Netzstandort des Fachausschusses Echtzeitsysteme: www.real-time.de
Netzstandort der Fachgruppe Betriebssysteme: www.betriebssysteme.org

CR Subject Classification (2001): C3, D.4.7

ISSN 1431-472X

ISBN 978-3-662-48610-8   e-ISBN 978-3-662-48611-5
DOI 10.1007/978-3-662-48611-5

Die Deutsche Nationalbibliothek verzeichnet diese Publikation in der Deutschen Nationalbiblio-
grafie; detaillierte bibliografische Daten sind im Internet über http://dnb.d-nb.de abrufbar.

Springer Vieweg

Springer-Verlag GmbH Berlin Heidelberg ist Teil der Fachverlagsgruppe
Springer Science+Business Media

www.springer-vieweg.de

Vorwort

Was ist ein Elefant? Die scherzhafte Antwort auf diese Frage, nämlich eine Maus mit einem Betriebssystem, ist ganz typisch für den Stand der Dinge und widerspricht völlig den Anforderungen, die der erste Unterzeichner vor 40 Jahren als Gasthörer in einer Vorlesung über Betriebssysteme an der Universität Dortmund, wo der zweite Unterzeichner heute tätig ist, gelernt und auch seither nicht mehr vergessen hat:

- effizient,
- verläßlich,
- unauffällig.

Insbesondere die letztgenannte Anforderung erfüllen heutige Betriebssysteme in keiner Weise. Hinzu kommt, daß um den Massenmarkt der im Büro- und Privatbereich eingesetzen Betriebssysteme hart gekämpft wird – ein Kampf, der oft Züge eines Glaubenskrieges annimmt. Um durch Bereitstellung von immer mehr Funktionalitäten neue Versionen verkaufen zu können, werden Betriebssysteme immer voluminöser und büßen so an Effizienz und Verläßlichkeit ein.

Gerade diese beiden Eigenschaften sind jedoch für Echtzeitsysteme und oft sicherheitsgerichtete eingebettete Systeme entscheidend. Weil sie auf denselben Hardware-Plattformen aufgebaut sind wie Büro- und Privatrechner, brauchen sie Programme, die zusammen mit den Eigenschaften von Digitalrechnern die Grundlagen ihrer möglichen Betriebsarten bilden und insbesondere die Programmabarbeitung steuern und überwachen, was genau der Definition von Betriebssystemen nach der Norm DIN 44300 entspricht.

Es sind also Betriebssysteme, die aus Digitalrechnern erst Echtzeitsysteme machen, indem sie die internen Abläufe in einer Betriebsart steuern, die die fundamentale Anforderung Rechtzeitigkeit erfüllt und dabei auch Effizienz und Verläßlichkeit gewährleistet.

Aufgrund dieser Bedeutung hat die Fachtagung Echtzeit in ihrer langen Geschichte schon mehrere Male das Hauptaugenmerk auf Echtzeitbetriebssysteme gelegt. Neu in diesem Jahr ist, dieses im Rahmen einer gemeinsamen Veranstaltung zusammen mit der Fachgruppe Betriebssysteme der Gesellschaft für Informatik und der Informationstechnischen Gesellschaft zu tun, die nach langem Vorlauf nun endlich zustandegekommen ist.

Der aktuelle Grund, das Thema Echtzeitbetriebssysteme erneut aufzugreifen, ergibt sich durch die stark wachsende Bedeutung der Vernetzung eingebetteter Systeme, die sich auch an Trends wie Cyber-Physical Systems oder Industrie 4.0 festmachen läßt. Diese Entwicklungen führen zu steigender Komplexität von Echtzeitsystemen und ihrer Betriebssysteme sowie zu der Frage, wie sich Echtzeitfähigkeit und Verläßlichkeit auch unter den Bedingungen oft nichtdeterministischen, fehleranfälligen und angreifbaren Netzverkehrs gewährleisten lassen und wie Echtzeitbetriebssysteme dabei trotzdem weiterhin kompakt bleiben können.

Im Rahmen der Steuerung industrieller Abläufe und von Verbrennungsmotoren widmen sich die ersten Beiträge der systematischen Validierung der Echtzeiteigenschaften mit verteilten Zustandsautomaten formulierter Software und deren Genauigkeit sowie einer Umgebung, die es ermöglicht, insbesondere im Hinblick auf den zukünftigen Einsatz von Mehrkernprozessoren die Reaktivität von und die Interaktion zwischen einer Fülle von Software-Modulen zu untersuchen, wie sie für Steuergeräte in der Kraftfahrzeugtechnik heute typisch sind.

Weil man Verläßlichkeit besser konstruktiv in der Architektur verankert, statt sie hinterher nachzuweisen, werden eine Prozessorarchitektur für sicherheitsgerichtete Echtzeitsysteme, die alle internen Ausfallmöglichkeiten erkennt und weitgehend toleriert, eine zeit- und rechenintensive Kognitions- mit Echtzeitregelungsmodulen integrierende Architektur für fernüberwachbare kooperierende Roboter sowie ein Ansatz vorgestellt, der die Replikation virtueller Maschinen zur hochverfügbaren Programmabsicherung dadurch für den Echtzeiteinsatz nutzbar macht, daß die Replikationszeitpunkte explizit vorgegeben werden können.

Es werden ein gestuftes Zuteilungsverfahren für Anwendungen mit weichen Echtzeitanforderungen sowie a priori unbekanntem und dann schwankenden Ressourcenbedarf, das Konzept abgeschirmter Abschnitte, das wartefreie Synchronisation von Echtzeitprozessen und damit latenzminimierte Betriebssystemkerne ermöglicht, sowie ein Betriebssystem entworfen, das bspw. in Automobilen durch konstruktive Fehlervermeidung und -toleranz als robuste Ausführungsumgebung auf unzuverlässiger Hardware dienen soll.

Mit verteilten Echtzeitsystemen beschäftigen sich Beiträge über Segmentierung parallelisierbarer Berechnungen nach einem Fork-Join-Prinzip, um sie dann auf Mehrkernprozessoren mit einfach determinierbarem Verhalten auszuführen, über automatisierte Analyse aus ereignisorientierter Sicht entworfener Echtzeitsysteme durch Abbildung auf zeitgesteuerte verteilte Systeme und über Erweiterung des AUTOSAR-Betriebssystems um ein Konzept zur kollaborativen, problematische Zustände vermeidenden Verwaltung der in Mehrkernsystemen den einzelnen Tasks zugeordneten Ressourcen.

Schließlich sind die preisgekrönten studentischen Abschlußarbeiten der Abschätzung des maximalen Energieverbrauchs eingebetteter Systeme mit Hilfe impliziter Pfadaufzählung oder genetischer Algorithmen, einer Testsuite zur Überprüfung von PEARL-Sprachsystemen auf Normenkonformität insbesondere hinsichtlich Operatoren, Synchronisation und Tasking sowie der bei Echtzeitsystemen wegen ihres vorhersehbaren Verhaltens möglichen gemeinsamen Analyse des Kontrollflusses von Anwenderprogrammen und Betriebssystemkern gewidmet.

Frau Dipl.-Ing. Jutta Düring gebührt unser herzlicher Dank dafür, daß sie zum wiederholten Male die Einreichungen redigiert und den vorliegenden Band konsistent und ansprechend gestaltet hat.

Hagen und Dortmund, im August 2015   Wolfgang A. Halang
                                                       Olaf Spinczyk

Inhaltsverzeichnis

Graduiertenwettbewerb

Testen von Echtzeiteigenschaften für verteilte Ablaufsteuerungen

Matthias Jurisch und Kai Beckmann

Hochschule RheinMain
Labor für Verteilte Systeme
65195 Wiesbaden
{matthias.jurisch|kai.beckmann}@hs-rm.de

Zusammenfassung. Im Bereich der industriellen Automatisierung hat die Software-Qualität und damit das systematische Testen eine hohe Bedeutung. In dieser Arbeit wird die Erweiterung eines Testframeworks um die Validierung von Echtzeiteigenschaften für verteilte Zustandsmaschinen vorgestellt. Die Arbeit wurde zusammen mit einem industriellen mittelständischen Kooperationspartner im Bereich industrieller Ablaufsteuerungen durchgeführt. Der Aufbau der domänenspezifischen Testmodellierung und die Testauswertung der Echtzeiteigenschaften als Teil eines modellgetriebenen Testprozesses werden beschrieben, und als Konsequenz aus der Synchronisationsungenauigkeit der Uhren des verteilten zu testenden Systems wird eine Fehlerabschätzung gegeben, die bei der Testauswertung berücksichtigt wird.

1 Einleitung

Die Software-Qualität hat immer größeren Einfluss auf die Wettbewerbsfähigkeit von Unternehmen. Gerade in der Automatisierung können mangelnde Qualität und Fehler in Produkten Schäden anrichten und unnötige Kosten verursachen. Moderne Methoden der Software-Technik, wie das modellbasierte Testen [1], versprechen Produktivitätssteigerungen bei gleichzeitig verbesserter Qualität. Allerdings haben kleine und mittelständische Unternehmen (KMU) der Automatisierungsbranche oft Probleme, ihre existierenden Entwicklungsprozesse während des Alltagsgeschäfts zu modernisieren. Neben Kosten für neue Werkzeuge und Schulungen erlaubt das Tagesgeschäft selten den Aufwand, existierende Projekte an die neuen Prozesse anzupassen. Dementsprechend besteht Bedarf nach kostengünstigen, an die individuelle Problemdomäne anpassbaren Lösungen. Dabei ist die Modellierung und Validierung von Echtzeiteigenschaften von großer Bedeutung.

Dieser Beitrag stellt die Erweiterung einer Testspezifikationssprache für verteilte Zustandsmaschinen um Echtzeitaspekte vor, die als Teil eines Testframeworks im Rahmen eines Kooperationsprojekts mit einem mittelständischen Unternehmen der Automatisierungsbranche entstanden ist [2]. In dieser Branche sind Anwendungen häufig in Form von verteilten Zustandsautomaten als dezentrale Ablaufsteuerung umgesetzt. Der Kooperationspartner verwendet für die

Entwicklung solcher Anwendungen ein eigenes Werkzeug, mit dem Automaten tabellarisch spezifiziert und für eine große Anzahl an Zielplattformen Programm-codegerüste generiert werden kann. Die Umsetzung der Anwendungsfunktiona-lität, insbesondere die Kommunikation und Synchronisation der verteilten Au-tomaten, erfolgt manuell und ist damit fehleranfällig. Dies erfordert umfassende Tests, insbesondere auch Regressionstest nach Änderungen. Im Rahmen dieses Projekts wurde ein Testframework entwickelt, das es ermöglicht, modellgetrie-ben Tests für Systeme aus verteilten Automateninstanzen zu spezifizieren, zu verwalten, wiederholt automatisiert auszuführen und deren Ergebnisse zu doku-mentieren. Die Testspezifikation erfolgt über eine an die Bedürfnisse der Tester angepasste Domain Specific Language (DSL), die auch Zugriff auf die existie-renden Automatenmodelle bietet. Die Vorarbeiten für diesen modellgetriebene Testprozess und das Testframework werden in [3] beschrieben.

Für das Testen von Ablaufsteuerungen spielen Echtzeiteigenschaften eine si-gnifikante Rolle. Die grundsätzliche Architektur des Testframeworks, auf dem der hier vorgestellte Ansatz aufbaut, wird zusammen mit der Problemstellung in Abschnitt 2 vorgestellt. Die Erweiterung dieses Testframeworks umfasst die Testmodellierung von Echtzeitaspekten auf Basis von sogenannten abstrakten Ereignissen, die ausgehend vom Systemmodell auftreten können. Über diesen abstrakten Ereignissen können zeitliche Ausdrücke als Constraints, wie beispiels-weise Deadlines, Dauern oder Jitter spezifiziert werden, was in Abschnitt 3 erläu-tert wird. Für die Auswertung der spezifizierten Echtzeitanforderungen werden die real aufgetretenen Ereignisse mit den lokalen Zeitstempeln der verteilten Ablaufsteuerungen als Trace gegen das modellierte Sollverhalten validiert. Die verteilte Zeitbasis erschwert prinzipiell die Auswertung von Testaussagen und dementsprechend auch die Validierung von Echtzeitanforderungen [4]. Um die-sen Umstand mit einzubeziehen, umfasst die hier beschriebene Testmodellierung auch die zeitliche Synchronisationsungenauigkeit der Zeitstempel der aufgetrete-nen Ereignisse. Die Fehlerbetrachtung wird vom Testorakel für die Auswertung der Testaussage berücksichtigt und in Abschnitt 4 dargestellt. Die konkrete Um-setzung im Rahmen des Testframeworks wird danach in Abschnitt 5 umrissen und der hier beschriebene Ansatz in Abschnitt 6 mit verwandten Ansätzen aus der Literatur verglichen. Eine Zusammenfassung mit einem Ausblick auf geplan-te zukünftige Anwendungsfelder wird abschließend in Abschnitt 7 gegeben.

2   Hintergrund und Problemstellung

Das zusammen mit einem industriellen Kooperationspartner entwickelte Test-framework für verteilte Ablaufsteuerungen in der Automatisierung ermöglicht es, existierende Systemmodelle, die mit einem proprietären Werkzeug erstellt wur-den, in einem modellgetriebenen Testprozess wiederzuverwenden. Die Grobar-chitektur, die auch den Testprozess erkennen lässt, ist in Abbildung 1 dargestellt. Die DSL für die Testspezifikation wurde zusammen mit dem Projektpartner ent-wickelt. Während der Testmodellierung kann auf das importierte Systemmodell zugegriffen und Strukturinformationen in der Testspezifikation referenziert werden. Dies bietet dem Testingenieur das ihm bekannte Umfeld.

Die Testschnittstelle zum System under Test (SUT) wird vom Projektpartner bereitgestellt und stellt für den Testprozess ausschließlich die durchgeführten Zustandsübergänge der verteilten Zustandsmaschinen als Ereignisse zur Verfügung. Diese Ereignisse referenzieren die jeweilige Zustandsmaschine mit Ausgangs- und Zielzustand und enthalten den lokalen Zeitstempel für den Zeitpunkt des Zustandsübergangs. Im Weiteren werden die einzelnen Ereignisse als Trace-Einträge und deren Sequenz, die die Ereignisse aller aktiven Zustandsmaschinen des SUT umfasst, als Trace bezeichnet. Der Trace wird für die Gewinnung der Testaussagen für sowohl funktionale als auch nicht-funktionale Tests verwendet. Es wird vorausgesetzt, dass die Uhren eine ausreichende Granularität besitzen um lokale Ereignisse kausal zu trennen und die Synchronisationsgenauigkeit der verteilten Uhren quantifizierbar ist.

Tests sind in Testsuiten organisiert, die aus einer Sequenz von Testfällen bestehen, welche nacheinander ausgeführt werden und in der Regel aufeinander aufbauen. Ein Testfall selbst besteht ebenfalls aus einer Sequenz von Testschritten, die den Test treiben oder eine Testaussage ermitteln können. Die verschiedenen Sequenzen spannen einen Baum auf, den die eigentliche Testausführung in Form einer Tiefensuche traversiert und die jeweiligen Aktionen ausführt. Beispielsweise wird für eine Gewinnung einer Testaussage ein Objekt instantiiert, welches das gewünschte Sollverhalten überprüfen kann und ihm der Trace zugeführt.

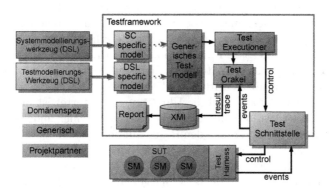

Abb. 1. Grobarchitektur des Testframeworks

Die Testmodellierung basiert auf Pfaden möglicher Zustandsübergänge der verteilten Zustandsmaschinen des SUT, die das Sollverhalten spezifizieren. Diese Pfade werden im Weiteren als globale Pfade bezeichnet und ein Beispiel ist in Listing 1 dargestellt. Die Formulierung drückt aus, dass nachdem der Automat *Schalter_1* den Zustand *Gedrueckt* betreten hat, der Automat *Tuersteuerung_1* die Zustände *Schliessend* und *Geschlossen* betreten muss. Mit diesen Pfaden wird das für die Gewinnung der Testaussage relevante Sollverhalten spezifiziert.

Die Auswertung beginnt, mit dem ersten Trace-Eintrag, der dem Anfang des Pfades zugeordnet werden kann.

Listing 1. Beispiel für einen globalen Pfad [5]

```
1 PathCondition Tuer_geht_zu {
2        Schalter_1:Gedrueckt -> Tuersteuerung_1:Schliessend
3        -> Tuersteuerung_1:Geschlossen
4 }
```

Damit das Testframework auch Echtzeiteigenschaften validieren kann, bedurfte es einer Erweiterung der Testmodellierung und -auswertung. Die Synchronisationsgenauigkeiten der verteilten Uhren sind dabei ein zu berücksichtigendes Problem. Zusammen mit dem industriellen Projektpartner wurden als zu testende Echtzeiteigenschaften Deadlines, Dauern zwischen möglichen abstrakten Ereignissen und verschiedene Jitter festgelegt.

3   Zeitliche Ausdrücke

Basis für die Modellierung und Prüfung von Echtzeiteigenschaften sind abstrakte Events, welche eine abstrahierte Darstellungsform für spezifizierbare Ereignisse in der Ausführung von verteilten Automaten repräsentieren. Diese Abstraktionsebene wurde gewählt, um verschiedene Arten von komplex und einfach zu formulierenden Ereignissen auf einer Ebene betrachten zu können. Über diesen Ereignissen lassen sich Einschränkungen von Dauern und Deadlines formulieren, deren zeitliche Werte mit Angabe einer zugehörigen Uhr definiert werden können. Diesen Einschränkungen wird ein Auswertungsintervall und ein Quantor zugeordnet, der es erlaubt, festzulegen, ob die Einschränkung immer, genau einmal oder mindestens einmal im Auswertungsintervall erfüllt sein muss. Ein einfaches Beispiel für eine formulierbare Einschränkung ist in Listing 2 dargestellt. Diese besagt, dass der Automat A spätestens, wenn auf der Uhr `Clock1` der Wert von 600 Millisekunden überschritten wird, den Zustand `A1` betreten muss. Die Auswertung soll beginnen, sobald die Uhr `Clock1` gestartet ist und enden, sobald diese den Wert von 5 Sekunden erreicht. Die an einer anderen Stelle der DSL definierbaren Uhren erlauben den Bezug auf den Beginn eines Testfalls oder einer Testsuite, aber auch auf die Systemzeit oder die Zeit, die vergangen ist, seitdem ein abstraktes Event das letzte mal aufgetreten ist. Die Synchronisationsgenauigkeit der Uhr kann ebenfalls angegeben werden. Jede Einschränkung besteht aus den folgenden Komponenten:

- Eine *Dauer* oder eine *Deadline-Spezifikation* (`enter B:B1`)
- Ein zeitlicher Minimal- und Maximalwert (`max 600 ms Clock1`)
- Der Anfang und das Ende eines Auswertungsintervalls (`start 0 s Clock1` und `stop 5 s Clock 1`)
- Der *Typ der Einschränkung* (`Eventually`)

Listing 2. Deadline für Betreten eines Zustands

```
1 Eventually {
```

```
2        enter A:A1
3        max 600 ms Clock1
4        start 0 s Clock1
5        stop 5 s Clock1
6  }
```

Die möglichen Bestandteile von Dauer- und Deadlinespezifikationen werden im Abschnitt 3.1 diskutiert. Zeitliche Angaben für Minimal- und Maximalwerte sowie für Anfang und Ende des Auswertungsintervalls sind relativ einfach und werden nicht weiter betrachtet. Die Einschränkungstypen werden in Abschnitt 3.2 vorgestellt.

3.1   Dauer- und Deadlinespezifikation

Tabelle 1. Abstrakte Events

Typ	Beispielhafte Formulierung
Betreten eines Zustands	`enter B:B1`
Verlassen eines Zustands	`leave B:X`
Auftreten einer Transition	`from A:A1 to A:A2`

Wahrwerden eines Prädikats	`turn true StatePredicate A1B2 {`
	`    (A:A1 and B:B1)`
	`}`

Falschwerden eines Prädikats	`turn false StatePredicate Anot1Bnot2 {`
	`    (not (A:A1)) and`
	`    (not (B:B2))`
	`}`

Beenden eines Pfadausdrucks	`end PathAssert fromA1toB2 {`
	`    A:A1 -> * -> B:B2`
	`}`

Deadline-Spezifikationen werden durch ein abstraktes Event formuliert. Für *Dauern* sind zwei mit from und to markierte abstrakte Events nötig, die den Anfang und das Ende der Dauer bestimmen. Tabelle 1 stellt die formulierbaren abstrakten Events anhand von Beispielen ihrer DSL-Darstellung vor. Die ersten drei Einträge beziehen sich direkt auf Zustandsübergänge. Diese Formulierungsmöglichkeit wurde ausgewählt, um auf der Abstraktionsebene, die auch bei der Systemmodellierung verwendet wurde, Einschränkungen ausdrücken zu können.

Ein Beispiel für die Zustandsübergänge eines verteilten Automatensystems und dem daraus entstehenden Trace ist in Abbildung 2 wiedergegeben. Der erste Trace-Eintrag (X->B1) passt zur beispielhaften Spezifikation des abstrakten Events *Betreten eines Zustands*. Auf ähnliche Weise können Trace-Einträge den abstrakten Events *Verlassen eines Zustands* und *Auftreten einer Transition* zugeordnet werden.

Um Aussagen über verteilte Zustände des Systems formulieren zu können, existieren die Fromulierungsmöglichkeiten *Wahrwerden* und *Falschwerden eines Prädikats*. Diese Prädikate werden als Aussagenlogische Formeln mit Zustän-

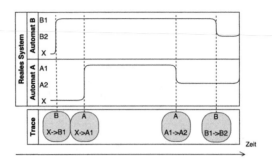

Abb. 2. Beispielhafter Trace [6]

den der jeweiligen Automaten als Aussagensymbolen formuliert. Sollen Trace-Einträge diesen Ausdrücke zugeordnet werden, müssen mehrere Trace-Einträge betrachtet werden. Das zweite in Abbildung 2 dargestellte Trace-Event (X->A1) passt zum in Tabelle 1 dargestellten Beispiel für das Wahrwerden eines Prädikats. Dieser Trace-Eintrag führt dazu, dass das Prädikat wahr wird. Die Prädikate werden also über verteilten Zuständen des Gesamtsystems ausgewertet.

Das *Beenden eines Pfadausdrucks* dient der Spezifikation des Zeitpunkts, an dem ein bestimmter Pfad abgearbeitet ist. So können Ausdrücke aus früheren Versionen der DSL wiederverwendet und zusätzlich mit zeitlichen Einschränkungen versehen werden. Auch hier muss eine Folge von Trace-Einträgen ausgewertet werden, die zu dem formulierten Pfad passen muss. Der erste Eintrag, der zur Erfüllung des Pfades führt, passt zu dieser Spezifikation. Der letzte Eintrag (B1->B2) des in Abbildung 2 dargestellten Trace passt zu der in Tabelle 1 vorgestellten Spezifikation für das Beenden eines Pfads.

3.2 Einschränkungstypen

Über die erlaubten *Typen der Einschränkungen* und deren Anwendbarkeit gibt die Tabelle 2 eine Übersicht. Die ersten drei Einträge sind Quantoren, die an ähnliche Ausdrucksweisen aus temporalen Logiken angelehnt sind. Des Weiteren spielt Jitter insbesondere bei der Ansteuerung von Maschinen in der Automatisierungstechnik eine wichtige Rolle und Summen von Dauern dienen zur Beurteilung einer Gesamtverweildauer in Zuständen. Werden Deadlines betrachtet, bezieht sich die Einschränkung auf den Zeitpunkt des abstrakten Events. Ist der Ausdruckstyp Eventually muss dieser Wert mindestens einmal im Auswertungsintervall innerhalb der über min und max festgelegten Grenzen liegen, bei ExactlyOnce genau ein mal und bei Always immer.

Bei Dauern beziehen sich die Einschränkung auf den zeitlichen Abstand zwischen den abstrakten Events der Dauern. Für die ersten drei Einträge der Tabelle ist die Bedeutung äquivalent zur Betrachtung von Deadlines. JitterToAverage betrachtet alle im Auswertungsintervall spezifizierten Dauern. Eingeschränkt wird dabei die maximale Abweichung zum Mittelwert aller Dauern im Intervall. Die Abweichung muss zwischen den mit min und max festgelegten Werten

Tabelle 2. Ausdruckstypen

Typ	Beschreibung	Deadlines	Dauern
Eventually	Mindestens ein Zutreffen im Intervall	✓	✓
ExactlyOnce	Genau ein Zutreffen im Intervall	✓	✓
Always	Aussage ist im Intervall immer korrekt	✓	✓
JitterToAverage	Abweichung einer Dauer zum Mittelwert immer innerhalb der Spezifikation	×	✓
CycleToCycleJitter	Abweichung zwischen aufeinanderfolgenden Dauern immer innerhalb der Spezifikation	×	✓
SumOfDurations	Summe der Dauern in einem Intervall innerhalb der Spezifikation	×	✓

liegen, `CycleToCycleJitter` legt die Abweichung zwischen aufeinander folgenden Dauern fest und bei `SumOfDurations` wird die Summe aller Dauern im Auswertungsintervall beschränkt.

4 Fehlerbetrachtung

Bei der Auswertung der Ausdrücke auf dem Trace muss beachtet werden, dass die Zeitstempel durch verteilte Uhren erzeugt werden und die auf den Uhren beobachteten Werte für ein Ereignis aufgrund der Synchronisationsungenauigkeit von einander abweichen können. Dem entsprechend ist eine Fehlerbetrachtung notwendig. Dabei wird angenommen, dass die Uhren des SUT mit einer maximalen Abweichung von g synchronisiert sind.

Werden Deadlines betrachtet, bezieht sich der gemessene Wert immer auf einen einzigen Trace-Eintrag. Dieser wird auf Basis einer Uhr bestimmt, die nach Voraussetzung mit dem maximalen Fehler g misst. Der maximale Fehler für Deadlines als Zeitpunkte ist daher $\Delta_{dea} = g$.

Dauern werden auf Basis von zwei Trace-Einträgen berechnet, die den Anfang und das Ende der Dauer bestimmen. Jeder dieser Trace-Einträge hat einen maximalen Fehler von g und das führt zu einem maximalen Fehler für Dauern von $\Delta_{dur} = 2g$.

Für den Jitter zwischen aufeinanderfolgenden Dauern spielen die Fehler der Dauern eine Rolle. Diese sind, wie gerade beschrieben, jeweils $\Delta_{dur} = 2g$. Die Abweichung zwischen den Dauern hat damit einen maximalen Fehler von $4g$. Der Fehler des Mittelwerts von Dauern kann nicht größer als $\Delta_{dur} = 2g$ sein. Da der Fehler für eine einzelne Dauer ebenfalls maximal $2g$ ist, ist der maximale Fehler für Jitter zwischen Mittelwert und einzelner Dauer ebenfalls $4g$. Der maximale Fehler für alle Arten von Jitter ist also $\Delta_{jit} = 4g$.

Da bei der Summe von Dauern der Fehler der Dauern addiert wird, übersteigt hier der Fehler bei n Dauern $n * 2 * g$ nicht. Diese Fehlerschranke ist allerdings in mehrerer Hinsicht nicht zielführend, um Tests sinnvoll durchführen zu können. Ein linear ansteigender Fehler mit der Anzahl der Messwerte steigt zu schnell, um Summen von vielen Dauern sinnvoll beurteilen zu können. Außerdem ist die

Annahme, dass alle gemessenen Dauern den exakt gleichen Fehler haben unrealistisch, es sei denn, es liegt ein systematischer Fehler bei der Zeitsynchronisation vor. Im weiteren wird als Abschätzung angenommen, dass der Fehler der Uhren mit $\mathcal{N}(0, \frac{g}{c}^2)$ normalverteilt ist, wobei c eine konstant positive Ganzzahl ist. Dadurch ergibt sich als Fehlerverteilung bei Summen von n Dauern $\mathcal{N}(0, \frac{2ng^2}{c^2})$.

Mit $\sigma_2 = \frac{g}{c}\sqrt{2n}$ kann man also annehmen, dass sich $99,7\%$ der aus Beobachtungen berechneten Werte in einer $3\sigma_2$ Umgebung um die tatsächliche Summe von Dauern befinden. Nimmt man dies als maximalen Fehler für Summen von Dauern an, erhält man $\Delta_{acc} = 3\frac{g}{c}\sqrt{2n}$.

Damit existiert für jede Art von Ausdruck eine Fehlerschranke, die höchstens sublinear mit der Anzahl der gemessenen Dauern wächst. Dies kann bei der Testauswertung berücksichtigt werden. Liegt dabe ein gemessener Wert innerhalb eines durch die Fehlerschranke bestimmten Intervalls um den Wert des formulierten Constraints, wird dem Benutzer durch das Testergebnis *Inconclusive* mitgeteilt, dass keine eindeutige Testaussage möglich ist.

5   Umsetzung

Die Umsetzung des Testframeworks basiert auf dem Eclipse TPTP Projekt [7]. Die DSL zur Testmodellierung wurde mit Xtext [8] umgesetzt. Für die Modelltransformation in ein internes Metamodell zur domänenunabhängigen Testrepräsentierung [3] wird QVT verwendet. Dieses Modell wird in der Testauswertung abgearbeitet, wobei das Testframework mit dem SUT kommuniziert.

Für jeden in der DSL formulierbaren Einschränkungstyp existiert eine Auswertungsklasse, die abhängig von dem modellierten Sollverhalten instantiiert und parametrisiert wird. Diese Klassen bekommen die Trace-Einträge für die Auswertung übergeben. Nach jeder Aktualisierung kann überprüft werden, ob der Test erfolgreich war oder fehlgeschlagen ist. Intern gibt es eine tiefere Auswertungshierarchie für jedes Element der Testmodellierung, das die Trace-Einträge weitergeleitet bekommt.

Die iterative Entwicklung wurde mit dem Projektpartner abgestimmt und die entstandenen Versionen von ihm evaluiert. Die Modellierungsmöglichkeiten wurden von den Testern sehr positiv aufgenommen. Es zeigte sich allerdings, dass früher entstandene Tests nur bedingt übertragbar sind und das volle Potential erst bei der Spezifikation neuer Tests ausgenutzt werden kann. Das Ergebnis wird weiter vom Projektpartner evaluiert, eine Einführung in die produktiven Entwicklungsprozesse ist geplant.

6   Verwandte Arbeiten

Diese Arbeit hat einige Berührungspunkte mit verschiedenen Arbeiten zum modellbasierten Testen. Hierzu existieren mehrere Standards, dazu gehört unter anderem das UML Testing Profile (UTP) [9]. UTP besteht aus UML-Stereotypen zur Spezifikation von Tests und beschreibt deren Semantik. Der Schwerpunkt von UTP liegt auf der Beschreibung der Teststruktur, das eigentliche Testverhalten soll mit UML-Mitteln beschrieben werden. Über sogenannte Timer bietet UTP die Möglichkeit, zeitliche Aussagen über einfache Stoppuhren zu spezifizieren. Im verteilten Fall können die Uhren dabei *Timezones* zugeordnet werden. Sind zwei Uhren in einer Timezone, werden diese als perfekt synchronisiert angenommen, ansonsten sind sie nicht vergleichbar. Dem entsprechend wird verteilte Zeit nur sehr eingeschränkt betrachtet. Auch komplexere Formulierungen wie Jitter oder Summen sind nicht darstellbar.

Die Testing and Test Control Notation (TTCN-3) [10] ist ein Teststandard, der ursprünglich aus dem Protocol Testing stammt. Die Tests werden hauptsächlich über Spezifikationen von gültigen Ein- und Ausgaben an Kommunikationskanälen durchgeführt. Zeitliches Verhalten lässt sich, ähnlich wie bei UTP, durch Stoppuhren spezifizieren. Auch hier existiert kein Konzept zur Betrachtung von verteilter Zeit und Konzepte wie Jitter und Summen werden nicht betrachtet.

Zu Modellbasiertem Testen im Bereich der technischen Anwendungen gibt es ebenfalls einige Ansätze. In [11] wird eine DSL vorgestellt, mit der Bedingungen über Variablen eines OPC-Servers formuliert werden können. Außerdem kann spezifiziert werden, in welchem zeitlichen Intervall diese Bedingungen wahr werden müssen. Diese Arbeit enthält ebenfalls keine Überlegungen zu verteilter Zeit. Auch Jitter und Summen von Dauern können nicht geprüft werden.

UPPAL-TRON [12] ist ein weiterer Ansatz aus diesem Bereich. Es wird versucht, die Anforderungen an ein System mithilfe von Timed Automata [13] zu spezifizieren, wobei das System komplett beschrieben werden muss. Diese Spezifikation wird daraufhin gegen das reale System getestet, um Fehler im System zu finden. Dieser Ansatz arbeitet auf einer anderen Ebene der Testspezifikation als die in dieser Arbeit vorgestellte Methode: Das zeitliche Sollverhalten des Systems muss vollständig spezifiziert werden.

Zusammengefasst lässt sich feststellen, dass keine der hier besprochenen verwandten Arbeiten den vollen Umfang der vorgestellten DSL abdeckt. Während die meisten Arbeiten zwar einfache zeitliche Bedingungen abprüfen können, können Jitter und Summen von Dauern nicht betrachtet werden. Die Problematik der Auswertung von zeitlichen Ausdrücken bei verteilten Uhren wird in keiner der verwandten Arbeiten betrachtet.

7   Zusammenfassung und Ausblick

In diesem Papier wurde die Erweiterung einer domänenspezifischen Testspezifikationssprache für verteilte Zustandsautomaten um Echtzeitaspekte vorgestellt. Der Kern der Testspezifikation sind sogenannte abstrakte Events, die Ereignisse in der Ausführung von verteilten Zustandsautomaten widerspiegeln. Über diesen können Constraints formuliert werden, wie beispielsweise Deadlines, Dauern und Jitter. Für die Berücksichtigung der Synchronisationsgenauigkeiten der verteilten Uhren des zu testenden Systems wurde eine Fehlerbetrachtung vorgestellt. In den meisten Fällen gibt es, abhängig von der Synchronisationsgenauigkeit der verteilten Uhren, eine obere Fehlerschranke. Die Erweiterung der DSL wurde im Kontext eines Forschungsprojekts mit einem mittelständische Unternehmen der

Automatisierungsbranche durchgeführt und in das dort entstandene Testframework integriert. Die Testausführung und -auswertung des Testframeworks wurde um Echtzeitaspekte erweitert, wobei die jeweiligen Fehlerschranken berücksichtigt werden. Der Sprachumfang und die Ausdrucksfähigkeit wurden von den Testingenieuren des Kooperationspartners für den Anwendungsbereich der verteilten Ablaufsteuerungen für praxistauglich befunden. Die Erweiterung ermöglicht eine viel feingranularere Testspezifikation und damit bessere Testqualität. Als nächstes soll die Umsetzung weiter in der Praxis evaluiert und entsprechend des Feedbacks verbessert werden. Die Anwendung auf andere Anwendungsfälle wie beispielsweise generische SPS-Steuerungen nach IEC 61131-3 ist geplant. Auch soll die Abbildung der domänenspezifischen Modelle auf standardkonforme Repräsentierungen aus der UML-Familie (SysML, MARTE) untersucht werden, um eine bessere Wiederverwendbarkeit und Austauschbarkeit zu erreichen.

Literaturverzeichnis

1. Utting, Mark; Legeard, Bruno: Practical Model-Based Testing: a Tools Approach. Morgan Kaufmann Publishers Inc., San Francisco, CA, USA, 2007.
2. Thoss, Marcus; Beckmann, Kai; Kröger, Reinhold; Muenchhof, Marco; Mellert, Christian: A Framework-based Approach for Automated Testing of CNC Firmware. In: Proceedings of the 2014 Workshop on Joining AcadeMiA and Industry Contributions to Test Automation and Model-Based Testing (JAMAICA 2014), San Jose, CA, USA. ACM, S. 7–12, 2014.
3. Beckmann, Kai: Integrating Existing Proprietary System Models into a Model-driven Test Process for an Industrial Automation Scenario. In: Proceedings of the 3rd International Conference on Model-Driven Engineering and Software Development (MODELSWARD 2015), Angers, France. SciTePress, S. 255–262, 2015.
4. Kopetz, Hermann: Real-Time Systems: Design Principles for Distributed Embedded Applications. Kluwer Academic Publishers, Norwell, MA, USA, 1997.
5. Pötz, Michael: Entwicklung einer DSL zur Testmodellierung sowie Realisierung eines entsprechenden Testorakels für ein proprietäres Automatenmodell. Masterarbeit, Hochschule RheinMain, FB Design Informatik Medien, October 2013.
6. Jurisch, Matthias: Berücksichtigung von Echtzeitaspekten beim Testen von automatenbasierten technischen Anwendungen. Masterarbeit, Hochschule RheinMain, FB Design Informatik Medien, Januar 2015.
7. Eclipse Foundation: Eclipse Test & Performance Tools Platform Project, 2015. Webseite. https://eclipse.org/tptp/, zuletzt abgerufen am 19. April 2015.
8. Eclipse Foundation: Xtext – Language development made easy. Webseite, 2015. https://eclipse.org/Xtext/, zuletzt abgerufen am 27.1.2015.
9. OMG: UML Testing Profile, v1.2, 2013.
10. ETSI: ES 201 873-1 - V4.6.1 - Methods for Testing and Specification (MTS); The Testing and Test Control Notation version 3; Part 1: TTCN-3 Core Language, 2014
11. Wahler, Michael; Ferranti, Ettore; Steiger, Robin: CAST:Automating Software Tests for Embedded Systems. IEEE Fifth Conference on Software Testing, Verification and Validation(ICST 2012), 2012.
12. Larsen, Kim G. et. al.:Testing Real-Time Embedded Software Using UPPAAL-TRON. In: Proc. of the 5th ACM Int. Conf. on Embedded Software, 2005.
13. Alur, Rajeev; David L. Dill: A Theory of Timed Automata. Theoretical Computer Science, 1994.

EMSBench: Benchmark und Testumgebung für reaktive Systeme

Florian Kluge und Theo Ungerer

Institut für Informatik
Universität Augsburg, 86159 Augsburg
{kluge|ungerer}@informatik.uni-augsburg.de

Zusammenfassung. Benchmark-Suiten für eingebettete Echtzeitsysteme (EEZS) bilden zumeist nur Berechnungen ab, die für solche Systeme typisch sind. Dies ermöglicht die Evaluierung der reinen Rechenleistung, andere Aspekte bleiben dabei aber außen vor. Reaktives Verhalten und die Interaktion zwischen vielen Software-Modulen, wie man sie in heutigen komplexen EEZS findet, werden nicht abgebildet. Im Hinblick auf den Einsatz von Mehrkernprozessoren in EEZS ist dies aber von erheblicher Bedeutung. Die Forschung ist hier auf geeignete Beispielanwendungen angewiesen, um die Praktikabilität neuer Techniken überprüfen zu können. Diese Arbeit unternimmt einen ersten Schritt, diese Lücke zu schließen. Es wird das Software-Paket EMSBench vorgestellt, welches aus zwei Komponenten besteht: (1) Eine quelloffene Steuerungs-Software für Verbrennungsmotoren, die so angepasst ist, dass sie als Benchmark-Programm für komplexe, reaktive EEZS dienen kann. (2) Eine Emulation des Kurbelwellenverhaltens erzeugt die Eingangssignale, die das interne Verhalten des Benchmark-Programms maßgeblich beeinflussen.

1 Motivation

Während Mehrkernprozessoren bereits in vielen Bereichen seit Jahren erfolgreich eingesetzt werden, dringen sie nun auch langsam in den Bereich der eingebetteten Echtzeitsysteme (EEZS) vor. Dieses nur langsame Vordringen begründet sich darin, dass es immer noch mit erheblichen Schwierigkeiten verbunden ist, die im Bereich EEZS benötigten Garantien hinsichtlich des Zeitverhaltens der ausgeführten Software zu geben (siehe z.B. [7]). Forschungsgegenstände sind dementsprechend die Unterstützung der Echtzeitfähigkeit durch Hardwareentwurf, Betriebssystem, sowie geeignete Werkzeuge und Techniken zur Parallelisierung und Analyse [10]. Um die Praktikabilität entwickelter Techniken zu testen, ist die Forschung immer auch auf das Vorhandensein geeigneter Beispielanwendungen angewiesen. Im Bereich der *Worst-Case Execution Time*-Analyse ist etwa der Einsatz der *Mälardalen Benchmark Suite* [4] verbreitet. Zur Evaluierung der parallelen Programmausführung wird unter anderem die *PARSEC Benchmark Suite* [1] verwendet. Daneben existiert eine Reihe weiterer Benchmark-Suiten, die aber wie z.B. die EEMBC Benchmarks [2] nicht frei verfügbar sind.

Nachteilig an diesen Suiten ist, dass die enthaltenen Programme nicht die Komplexität heutiger eingebetteter Echtzeit-Software abbilden. Für einen umfangreichen Test einer Systemarchitektur sind sie damit nur bedingt geeignet. Auch fehlt es ihnen an reaktivem Verhalten, also dass Programmcode auf äußere Ereignisse reagieren muss. Dies ist aber eine zentrale Eigenschaft eines eingebetteten Systems. Ziel dieser Arbeit ist es, diese Lücke zu schließen und ein Benchmark-Programm bereitzustellen, welches das Verhalten komplexer, reaktiver Systeme nachbildet. Folgende Eigenschaften sind dabei erforderlich:

Komplexität Das Gesamtverhalten des Programms soll aus der Zusammenarbeit von mehreren Modulen entstehen.

Reaktivität Das Programm soll auf Ereignisse reagieren und dabei auch Zeitschranken einhalten.

Parallelisierung Das Programm soll für den Einsatz auf Mehrkernprozessoren geeignet sein. Idealerweise weist es mehrere Arten von Parallelität auf.

Die vorliegende Arbeit führt EMSBench als Benchmark und Testumgebung für reaktive Systeme ein[1]. Hinter EMSBench steht die Idee, auf frei verfügbarer Software für einen realen Anwendungsfall aufzusetzen. Die Software muss so angepasst werden, dass ihr Einsatz als Test- und Benchmark-Programm praktikabel ist. Als Basis dient dazu FreeEMS [3], eine quelloffene Software zur Steuerung von Ottomotoren. Des weiteren enthält EMSBench einen Signalgenerator, der die Steuersignale des Motors basierend auf frei wählbaren Fahrprofilen emuliert.

Im folgenden Abschnitt werden zunächst die Grundlagen der Arbeit erörtert. Die Anpassungen, die an FreeEMS vorgenommen wurden, werden in Abschnitt 3 besprochen. Das Modell zur Erzeugung der Kurbelwellensignale wird in Abschnitt 4 vorgestellt. Die Arbeit schließt mit einer Zusammenfassung und einem Ausblick auf zukünftige Arbeiten in Abschnitt 7.

2   Grundlagen

Grundlage für EMSBench ist FreeEMS, eine Steuerungs-Software für Viertakt-Ottomotoren mit Saugrohreinspritzung. Im Folgenden wird zunächst kurz die Funktionsweise des Motors beschrieben, bevor der Aufbau von FreeEMS erläutert wird. Am Ende dieses Abschnitts wird der Begriff des Fahrzyklus' eingeführt.

2.1   Funktionsweise des Ottomotors

In jedem Zylinder des Motors befindet sich ein beweglicher Kolben, der den Zylinder nach unten abschließt. Über Pleuelstangen sind die Kolben mit der Kurbelwelle verbunden. Dadurch wird die Vertikalbewegung der Kolben in eine Axialbewegung der Kurbelwelle umgesetzt. Das Zylindergehäuse verfügt für jeden Zylinder über mindestens zwei Ventilöffnungen. Eine der Öffnungen dient als

---

[1] EMSBench kann über http://www.informatik.uni-augsburg.de/sik/ emsbench/ heruntergeladen werden.

Einlass für Frischluft und Kraftstoff, die andere als Auslass für die Abgase. Die
Ventile werden mechanisch durch zwei Nockenwellen gesteuert. Die Nockenwellen
len drehen sich synchron mit der Kurbelwelle, aber mit halber Geschwindigkeit.
Im Zylinderkopf, welcher den oberen Abschluss des Zylinders bildet, ist jeweils
eine Zündkerze verbaut. Das Einlassventil mündet in den Ansaugtrakt.

Ein Takt entspricht einer Vertikalbewegung des Kolbens. Die Kurbelwelle
dreht sich dabei um 180°. Ein vollständiger Motorzyklus besteht aus vier Takten,
was einer Drehung der Kurbelwelle um 720° entspricht. Im ersten Takt bewegt
sich der Kolben nach unten, das Einlassventil ist geöffnet. Der Zylinder saugt
Frischluft an, welche mittels eines Einspritzventils mit Kraftstoff angereichert
wird. Die darauf folgende Aufwärtsbewegung des Kolbens im zweiten Takt ver-
dichtet das Luft-Kraftstoff-Gemisch. Die Ventile sind nun geschlossen. Der dritte
Takt wird durch die Funkenbildung an der Zündkerze eingeleitet. Die dabei entstehende Explosion drückt den Kolben nach unten. Im vierten Takt werden die
Verbrennungsrückstände während der Aufwärtsbewegung des Kolbens durch das
nun geöffnete Auslassventil aus dem Zylinder geleitet.

Die Öffnungszeiten der Einspritzventile sowie die Zündung werden von der
Motorsteuerungs-Software gesteuert. Grundlage für die dort stattfindenden Berechnungen bilden die Winkelstellungen der Kurbel- und der Nockenwelle, welche
mittels Inkrementalgebern erfasst werden. Über weitere Sensoren werden unter
anderem Temperaturen und Druck in einzelnen Komponenten des Motors erfasst. Da diese aber keine Relevanz für die vorliegende Arbeit besitzen, wird hier
auf genauere Erläuterungen verzichtet.

2.2   FreeEMS

EMSBench basiert auf FreeEMS [3], eine quelloffene Motorsteuerungs-Software,
die inzwischen auf über 20 Verbrennungsmotoren erfolgreich getestet wurde. Als
Basis für EMSBench dient die Version 0.1.1 von FreeEMS, da in dieser die Abhängigkeiten zwischen den einzelnen Modulen klarer erkennbar sind als in neue-
ren Versionen. FreeEMS ist dafür vorgesehen, Motoren mit verschiedenen Inkrementalgebern zu steuern. Für EMSBench wurde die Implementierung für einen
24/2-Inkrementalgeber von Denso gewählt, der an der Nockenwelle montiert ist.
Dieser Sensor besitzt zwei Zahnräder mit 24 Primär- und 2 Sekundärzähnen,
die bei jeder Wellenumdrehung 24 Primär- und 2 Sekundärimpulse auslösen.
FreeEMS ist für die Ausführung auf einem 16-Bit-Mikrocontroller von Freescale
(HCS12X) entwickelt. Auf diesem nutzt sie insbesondere den *Enhanced Capture
Timer*, der über 8 *Capture-/Compare-Kanäle* verfügt, sowie die periodischen
Zeitgeber. Zur Kommunikation mit den Sensoren und Aktuatoren sind ausrei-
chend Anschluss-Pins vorhanden.

Die Software kann grob in die main()-Funktion sowie eine Reihe von Unterbrechungsroutinen unterteilt werden. Die main()-Funktion führt eine Endlos-
schleife aus. Innerhalb der Schleife werden regelmäßig eine Reihe Sensoren ausge-
lesen und die einzuspritzenden Kraftstoffmengen neu berechnet. Die Zeitplanung
der Steueraufgaben erfolgt in den Unterbrechungsroutinen. Zentrale Unterbrechungsroutine ist die primaryRPMISR(). Diese wird von einem *Input-Capture-*

Kanal ausgelöst, wenn am Inkrementalgeber ein Primärzahn erkannt wird. Innerhalb dieser Routine werden die Zeitpunkte für Einspritzung und Zündung berechnet und die entsprechenden Zeitgeber-Kanäle gestellt. An einem weiteren *Input-Capture*-Kanal werden die Sekundärzähne des Inkrementalgebers erkannt. Diese Routine stellt insbesondere sicher, dass die Steuerungs-Software noch synchron mit dem Motor arbeitet. Die Routinen zur Steuerung der Einspritzung sind *Output-Compare*-Kanälen des Zeitgebers zugeordnet. Für das Aufladen der Zündspule und das Auslösen der Zündung werden zwei periodische Zeitgeber verwendet.

2.3 Fahrzyklus

Vorgegebene Fahrzyklen werden genutzt, um nachvollziehbare und vergleichbare Experimente mit Kraftfahrzeugen durchzuführen. Bekannt ist insbesondere der *Neue Europäische Fahrzyklus (NEFZ)* [6], anhand dessen Fahrzeughersteller den Kraftstoffverbrauch eines Fahrzeugs bestimmen. Ein Fahrzyklus besteht aus einer Reihe von Phasen, welche wiederum aus einem oder mehreren Betriebszuständen bestehen. Zu jedem Betriebszustand sind Beschleunigung, Anfangs- und Endgeschwindigkeit, Dauer, sowie der zu verwendende Gang angegeben.

3 Anpassung von FreeEMS

Um eine möglichst einfache Testumgebung bereitzustellen wurde FreeEMS insbesondere hinsichtlich seiner Ein- und Ausgangssignale angepasst: Alle Zugriffe auf Ein-/Ausgabe-Schnittstellen, deren Werte nur geringen oder keinen Einfluss auf das interne Zeitverhalten der Steuerung haben, wurden durch Zugriffe auf Variablen ersetzt. Für eventuelle Lesezugriffe wurden diese Variablen mit geeigneten Werten vorbelegt. Weiterhin verwendet werden hingegen die Signale des Kurbelwellensensors. Dieser wurde ausgewählt, da er den größten Einfluss auf die internen Abläufe der Software hat: Die Kurbelwellenstellung löst die wichtigsten Reaktionen der Motorsteuerung (Einspritzung, Zündung) aus. Ebenfalls weiterhin verwendet wird die Erzeugung der Einspritz- und Zündungssignale, da diese eng verbunden sind mit weiteren Unterbrechungsroutinen.

Um eine Portierung der Software auf beliebige Plattformen zu ermöglichen, wurde weiterhin eine Hardware-Abstraktionsschicht *(Hardware Abstraction Layer, HAL)* entworfen. Diese definiert Schnittstellen, um insbesondere die Capture-/Compare-Kanäle der Hardware-Zeitgeber zu steuern. Außerdem sind hier die FreeEMS-eigenen Funktionen deklariert, die die in der HAL enthaltenen plattformspezifischen Unterbrechungsroutinen aufrufen müssen.

4 Erzeugung der Kurbelwellensignale

Die Signalerzeugung ist auf zwei Komponenten aufgeteilt: Ein Präprozessor (tgpp) wandelt die Fahrzyklusdaten in einen Kurbelwellenzyklus um. Diese Vorverarbeitung wurde eingeführt, da sich die Fahrzeugbewegung nicht immer direkt auf die Kurbelwellenbewegung übertragen lässt. Wenn etwa die Kupplung geöffnet ist, bewegen sich Fahrzeug und Kurbelwelle unabhängig voneinander. Die eigentliche Signalerzeugung (tg) führt den Kurbelwellenzyklus aus und erzeugt die entsprechenden Signale, auf die die Motorsteuerung reagiert. Im folgenden Abschnitt wird zunächst das Modell beschrieben, auf dem die Erzeugung der Signale basiert. Die darauf folgenden Abschnitte befassen sich mit der Realisierung der zugehörigen Programme.

4.1   Modell

Die relevanten Steuerungssignale werden von dem Inkrementalgeber erzeugt, der die Kurbelwelle überwacht. Die ausgewählte Variante von FreeEMS verwendet einen 24/2-Inkrementalgeber, der die Nockenwelle überwacht. Dieser kann auf einen 12/1-Inkrementalgeber an der Kurbelwelle abgebildet werden, welche sich mit doppelter Geschwindigkeit dreht. In Abbildung 1 ist die Signalerzeugung als Realzeitautomat modelliert. Als Eingangswert dient die aktuelle Winkelstellung der Kurbelwelle $\varphi(t)$, hier gemessen in vollen Umdrehungen. In Abhängigkeit von den Anzahlen der Primär- bzw. Sekundärzähne n_P bzw. n_S werden zu bestimmten Zeitpunkten entsprechenden Primär- bzw. Sekundärsignale O_P bzw. O_S als Ausgabe erzeugt.

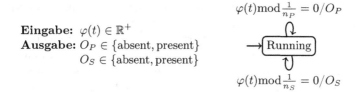

Abb. 1. Verhalten des Inkrementalgebers

Das Verhalten der Kurbelwelle ist in Abbildung 2 als Realzeitautomat modelliert. Auch dieses Modell besitzt nur einen Zustand, in dem die aktuelle Winkelstellung $\varphi(t)$ und Winkelgeschwindigkeit $\omega(t)$ der Kurbelwelle weiterentwickelt werden. Falls über den Eingang α_N eine neue Winkelbeschleunigung eingestellt wird, werden die bisher entwickelten Werte für Winkelstellung und -geschwindigkeit als neue Startwerte sowie die aktuelle Zeit als neuer Zeitversatz t_0 gespeichert. Zur Vereinfachung wird angenommen, dass sich die Kurbelwelle zu Beginn der Ausführung mit Leerlaufgeschwindigkeit ω_L dreht.

Durch Kombination der oben beschriebenen Modelle wird die Signalerzeugung durch Kurbelwelle und Inkrementalgeber beschrieben. Zur Emulation der Signalerzeugung müssen aus den Modellen und einem vorgegebenen Fahrzyklus nun die Signalzeitpunkte errechnet werden. Dazu müssen Winkelstellung $\varphi(t)$ und Winkelgeschwindigkeit $\omega(t)$ basierend auf der aktuellen Winkelbeschleunigung α weiterentwickelt werden.

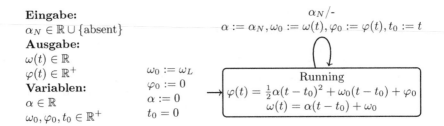

Abb. 2. Verhalten der Kurbelwelle

4.2 Präprozessor

Der Präprozessor tgpp erhält als Eingabe zwei Dateien. Die erste Datei enthält den Fahrzyklus, der emuliert werden soll. In der zweiten Datei sind alle Fahrzeugparameter aufgeführt, die benötigt werden, um die Fahrzeuggeschwindigkeit in eine entsprechende Winkelgeschwindigkeit der Kurbelwelle umzurechnen. Hierunter fallen die Maße der verwendeten Reifen und die Übersetzungen von Getriebe, Achsen und Kardanwelle. Für Leerlaufphasen sind hier weiterhin Leerlaufgeschwindigkeit des Motors sowie die Beschleunigung angegeben, mit der der Motor diese bei Lastfreiheit erreicht. Weiterhin sind Daten enthalten, die direkt an die Signalerzeugung weitergereicht werden. Hierbei handelt es sich um die Anzahl der Primärzähne des Inkrementalgebers sowie den Winkelabstand zwischen dem Sekundärzahn und dem vorhergehenden Primärzahn.

Für jeden Betriebszustand des Fahrzyklus erstellt tgpp nun eine oder mehrere Kurbelwellenphasen. Eine Kurbelwellenphase wird dabei durch ihre Dauer und die für diese Phase gültige Winkelbeschleunigung definiert. Dabei wird angenommen, dass die Winkelbeschleunigung während der gesamten Phase konstant ist. Die Übersetzung eines Betriebszustands in eine einzige Phase ist möglich, wenn sich der Motor im Leerlauf befindet, das Auto mit konstanter Geschwindigkeit fährt, oder bei eingelegtem Gang beschleunigt oder abgebremst wird. Eine Aufteilung in mehrere Phasen erfolgt bei den folgenden Betriebszuständen:

Anfahren aus dem Stillstand erfolgt durch langsames Schließen der Kupplung. Zur Vereinfachung wird angenommen, dass der Motor sich bis zum vollständigen Schluss der Kupplung mit Leerlaufgeschwindigkeit dreht (Phase 1). Der Zeitpunkt des Schlusses wird mittels der für den betroffenen Betriebszustand gegebenen Beschleunigung errechnet, so dass die Fahrzeuggeschwindigkeit gerade der Leerlaufgeschwindigkeit des Motors entspricht. In der zweiten Phase wird der Motor nun so beschleunigt, wie es durch die Beschleunigung des Betriebszustands vorgegeben ist.

Beim Gangwechsel wird zunächst die Kupplung geöffnet (die Motorgeschwindigkeit nähert sich der Leerlaufgeschwindigkeit an), dann wird der Gang gewechselt, und schließlich die Kupplung wieder geschlossen. Zur Vereinfachung wird angenommen, dass das Öffnen der Kupplung instantan zu Beginn des Betriebszustands erfolgt, und dass während des Betriebszustands keine

Geschwindigkeit verloren geht. Aus Sicht der Kurbelwelle können also zunächst zwei Zeitintervalle identifiziert werden. Zur Vereinfachung wird angenommen, dass jedes genau die Hälfte der Dauer des Betriebszustands in Anspruch nimmt. Im ersten Zeitintervall wird zu Beginn die Kupplung geöffnet, gleichzeitig wird angenommen, dass das Gaspedal frei ist. Die Kurbelwelle nähert sich mit der vorgegebenen Leerlaufbeschleunigung der Leerlaufgeschwindigkeit an. Falls diese vor Ende des Intervalls erreicht wird, muss eine weitere Phase eingefügt werden, in der die Winkelbeschleunigung $\alpha = 0$ ist. Im zweiten Zeitintervall wird die Kupplung nun langsam geschlossen. Dieses Intervall wird auf eine Phase abgebildet, in der die Winkelbeschleunigung α so berechnet wird, dass die Winkelgeschwindigkeit Ende dieses Intervalls genau der Fahrzeuggeschwindigkeit des Betriebszustands entspricht.

Verzögerung bei geöffneter Kupplung wird je nach anfänglicher Winkelgeschwindigkeit ω_0 durch eine oder zwei Phasen abgebildet. In der ersten Phase wirkt die Leerlaufbeschleunigung auf die Kurbelwelle. Ist die Leerlaufgeschwindigkeit bereits vor Ende des Betriebszustands erreicht, wird zusätzlich noch eine Phase mit $\alpha = 0$ und entsprechender Dauer eingefügt, um die verbleibende Zeit zu überbrücken.

Die einzelnen Phasen werden als Feld in einer C-Datei gespeichert. Zusätzlich werden dort noch weitere Konstanten abgelegt, die für die Arbeit der Signalerzeugung relevant sind. Hierbei handelt es sich zum einen um Informationen zum Inkrementalgeber sowie um die Leerlaufgeschwindigkeit. Diese Datei wird zusammen mit der eigentlichen Signalerzeugung kompiliert.

4.3 Signalerzeugung

Die Signalerzeugung selbst wird auf einer eingebetteten Plattform ausgeführt. Ihre Aufgabe ist es, die Winkelgeschwindigkeit $\omega(t)$ sowie die Winkelstellung $\varphi(t)$ aus dem Modell (siehe 4.1) zu entwickeln und zu den richtigen Zeitpunkten entsprechende Primär- und Sekundärsignale zu senden. Dabei wird von einem perfekten Fahrer ausgegangen, der den vorgegebenen Fahrzyklus exakt nachfährt. Die Signalerzeugung selbst erfolgt über zwei *Output-Compare-Kanäle* der Zielplattform. Die Kanäle und zugehörigen Unterbrechungsroutinen sind so gestaltet, dass beim Auslösen des Kanals ein Ausgangspin aktiviert (auf logisch 1 geschaltet) wird. Im selben Moment wird der entsprechende Kanal in der zugehörigen Unterbrechungsroutine so umkonfiguriert, dass der Pin nach einer kurzen Zeit wieder deaktiviert (auf logisch 0 geschaltet) wird. Das Einstellen der Auslösezeiten für die Aktivierung für die Kanäle erfolgt ausschließlich in der Unterbrechungsroutine des Primärkanals (Algorithmus 1), wenn dieser Kanal wieder deaktiviert wird. Die Unterbrechungsbehandlung für den Sekundärkanal hat einzig die Aufgabe, die Deaktivierungszeit des Kanals einzustellen, falls der Kanal beim entsprechenden Aufruf aktiviert wurde. Die Unterbrechungsbehandlung für den Primärkanal erfüllt eine Reihe weiterer Aufgaben:

– Nach jeder vollen Umdrehung wird eine *Renormalisierung* von $\varphi(t)$ auf 0 durchgeführt. Damit kann der Wert der Variablen in einem Bereich mit mög-

---

Algorithm 1 Unterbrechungsroutine für den Primärkanal

---

procedure PRIMARYISR
    if Pin aktiv **then**
        Setze Deaktivierungszeit
        return
    else
        if $k == 0$ **then**   ▷ Renormalisieren
            $\omega_0 \leftarrow \omega(t)$
            $\varphi_0 \leftarrow 0$
            $t \leftarrow 0$
            if Phasenwechsel anstehend **then**   ▷ Phasenwechsel durchführen
                $\alpha \leftarrow \alpha_N$
            end if
        end if
        berechne nächste Primär-Auslösezeit t_P
        Setze Primär-Auslösezeit
        if $k == 1$ **then**   ▷ Sekundärkanal einstellen
            berechne nächste Sekundär-Auslösezeit t_S
            Setze Sekundär-Auslösezeit
        end if
    end if
end procedure

---

lichst großer Genauigkeit gehalten werden. Gleichzeitig wird der Zeitzähler zurückgesetzt und die aktuelle Winkelgeschwindigkeit $\omega(t)$ in ω_0 gespeichert.

– *Phasenwechsel* werden nur bei vollen Umdrehungen durchgeführt, d.h. wenn der Primärzahn bei $\varphi(0)$ ausgelöst hat. Dies führt zu geringfügigen Abweichungen zwischen Modell und Implementierung (< 1 Umdrehung pro Phasenwechsel), was aber nur bei sehr kurzen Phasen ins Gewicht fällt. Bei einem Phasenwechsel werden einige Parameter neu berechnet, die in den folgenden Berechnungen der Auslösezeitpunkte mehrfach wiederverwendet werden.

– Der Sekundärzahn befindet sich zwischen dem dritten und vierten Primärzahn bei $\phi_S \in [2\Delta_P, 3\Delta_P)$. Damit soll eine möglichst gute Verteilung der Rechenlast erreicht werden, die in der primären Unterbrechungsroutine anfällt. Diese Routine berechnet bei allen Aufrufen den nächsten Auslösezeitpunkt des Primärkanals. Bei der Behandlung des ersten Primärzahns (bei $\phi_P = 0$) wird zusätzlich die Renormalisierung sowie bei Bedarf ein Phasenwechsel durchgeführt. Weiterhin soll für die Berechnung der Sekundär-Auslösezeit ein möglichst langes Zeitintervall zur Verfügung stehen (nach oben beschränkt durch den Abstand zweier Primärzähne). Somit muss also die Berechnung abgeschlossen sein, bevor der dem Sekundärzahn vorhergehende Primärzahn ausgelöst wird. Diese Anforderung wird von der o.g. Ortswahl erfüllt.

Ähnlich wie bei `ems` besteht die Implementierung von `tg` aus zwei Teilen: Eine plattformspezifische Abstraktionsschicht stellt eine generische Schnittstelle zur Steuerung der Hardware-Einheiten zur Verfügung. Die Berechnungen erfolgen in eine plattformunabhängigen Anwendungsschicht.

5   Zielplattform

Für die Ausführung von ems muss die Zielplattform einen Zeitgeber mit mindestens 8 Capture-/Compare-Kanälen besitzen, die auf einen gemeinsamen Zähler zugreifen können. Zudem werden drei weitere Zeitgeber benötigt, deren Auslöseintervall frei eingestellt werden kann. Außerdem müssen mindestens zwei externe Anschlüsse verfügbar sein, die mit den Capture-/Compare-Kanal verbunden sind, um die Signale der Signalerzeugung aufnehmen zu können. Für die Ausführung der Signalerzeugung ist ein Zeitgeber mit wenigstens zwei Output-Compare-Kanälen notwendig.

Aufgrund der inzwischen hohen Verbreitung von 32-bit-Architekturen wurde eine solche auch als Zielplattform für den Prototypen gewählt. In einem ersten Schritt wurde FreeEMS auf ein STM32F4-Discovery-Board von ST Microelectronics portiert. Auf diesem kostengünstigen Board ist ein STM32F407VGT6 Microcontroller verbaut, der auf einem ARM Cortex-M4 basiert [9]. Zudem verfügt der Microcontroller über eine große Anzahl von Capture-/Compare-Zeitgebern [8], welche für die Ausführung von FreeEMS unabdingbar sind. Da allerdings keiner der Zeitgeber über eine ausreichende Anzahl von Capture-/Compare-Kanälen verfügt, wurden für diese Arbeit mehrere Zeitgeber so konfiguriert, dass sie mittels eines gemeinsamen Taktsignals synchron arbeiten. In einem zweiten Schritt wurde eine Portierung auf einen FPGA-basierten, selbst entworfenen Microcontroller vorgenommen. Dieser basiert auf dem NIOS-2 IP-Core von Altera und wurde insbesondere um einen selbst entworfenen Zeitgeber mit 8 Capture-/Compare-Kanälen erweitert [5]. Diese Portierung wurde vorgenommen, um die Platformunabhängigkeit der Hardware-Abstraktionsschicht zu validieren.

Eine Portierung auf weiter Plattformen erfolgt durch Implementierung der entsprechenden Hardware-Abstraktionsschicht für ems bzw. tg.

6   Einsatz von EMSBench

EMSBench kann genutzt werden, um durch Messungen oder statische Analyse die Ausführungszeiten der Unterbrechungsroutinen zu bestimmen. Unter Zuhilfenahme einer Schedulability-Analyse kann so untersucht werden, ob eine ausgewählte Plattform ausreichend Rechenleistung bereitstellt, um darauf eine einfache Motorsteuerungs-Software auszuführen. Wenn zusätzlich auch die Laufzeit der Schleife in der main()-Funktion untersucht wird, lassen sich hierüber Schlüsse ziehen, über wie viel freie Rechenzeit eine Plattform verfügt, die dann für weitere Aufgaben zur Verfügung stünde.

7   Zusammenfassung und Ausblick

Diese Arbeit stellt das Software-Paket EMSBench vor. EMSBench besteht aus zwei Komponenten: (1) Eine angepasste Version der quelloffenen Motorsteuerungs-Software FreeEMS dient als Benchmark-Programm für komplexe und reaktive eingebettete Systeme. Ziel der Anpassungen ist es, zum einen mit möglichst wenigen Eingabesignalen auszukommen, gleichzeitig aber das interne Ablaufverhalten der FreeEMS-Module zu erhalten. Die resultierende Software ems nutzt hierbei ausschließlich die Signale des Kurbelwellensensors als Eingaben, während alle anderen Sensordaten durch vorbelegte Variablen ersetzt sind. (2) Eine Emulation des Kurbelwellenverhaltens erzeugt Eingabesignale, die eine realistische Ausführung von ems ermöglichen. Die Signalerzeugung tg bildet dabei das Verhalten der Kurbelwelle während eines frei wählbaren Fahrzyklus' nach.

Noch weitgehend außer Acht gelassen ist der Aspekt der Parallelisierung. Eine einfache Parallelisierung von ems kann dadurch erfolgen, dass bei der Portierung auf einen Mehrkernprozessor die einzelnen Unterbrechungsroutinen auf unterschiedlichen Kernen ausgeführt werden. Allein dadurch wird noch kein Performanzgewinn zu erzielen sein, da bereits die Original-Software auf einem eher beschränkten Mikrocontroller läuft. Um trotzdem die Komplexität industrieller Motorsteuerungen innerhalb des Reaktionsverhaltens nachzubilden, ist es aber möglich, die Unterbrechungsroutinen um künstliche parallele Berechnungen zu erweitern. So ist es denkbar, Signalverarbeitungsalgorithmen zu integrieren, um damit die Erkennung und Behandlung von Motorklopfen zu modellieren. Dieser Aspekt wird in der zukünftige Arbeit an EMSBench behandelt.

Literaturverzeichnis

1. C. Bienia. *Benchmarking Modern Multiprocessors.* PhD thesis, Princeton University, Jan. 2011.
2. The Embedded Microprocessor Benchmark Consortium. http://www.eembc.org/.
3. FreeEMS – Free and Open Source Engine Management System. http://freeems.org/.
4. J. Gustafsson, A. Betts, A. Ermedahl, and B. Lisper. The Mälardalen WCET Benchmarks: Past, Present And Future. In *10th International Workshop on Worst-Case Execution Time Analysis, WCET 2010, July 6, 2010, Brussels, Belgium,* pages 136–146, 2010.
5. F. Kluge. A simple capture/compare timer. Technical Report 2015-01, Universität Augsburg, June 2015.
6. Richtlinie des Rates vom 20. März 1970 zur Angleichung der Rechtsvorschriften der Mitgliedstaaten über Maßnahmen gegen die Verunreinigung der Luft durch Emissionen von Kraftfahrzeugen. Fassung vom 01.01.2007.
7. H. Ozaktas, C. Rochange, and P. Sainrat. Automatic WCET analysis of real-time parallel applications. In C. Maiza, editor, *13th International Workshop on Worst-Case Execution Time Analysis,* volume 30 of *OpenAccess Series in Informatics (OASIcs),* pages 11–20, Dagstuhl, Germany, 2013. Schloss Dagstuhl–Leibniz-Zentrum fuer Informatik.
8. STMicroelectronics. *Reference Manual STM32F405xx/07xx, STM32F415xx/17xx, STM32F42xxx and STM32F43xxx advanced ARM-based 32-bit MCUs,* Sept. 2013.
9. STMicroelectronics. *STM32F4DISCOVERY Product Brief,* Sept. 2014.
10. T. Ungerer *et al.*. parMERASA – multi-core execution of parallelised hard real-time applications supporting analysability. In *Digital System Design (DSD), 2013 Euromicro Conference on,* pages 363–370, 2013.

Prozessorarchitektur zum Einsatz unter sicherheitsgerichteten Echtzeitbedingungen

Daniel Koß

Lehrstuhl für Informationstechnik
FernUniversität in Hagen, 58084 Hagen
daniel.koss@fernuni-hagen.de

Zusammenfassung. Moderne Prozessorarchitekturen, die auch in der sicherheitsgerichteten Echtzeitdatenverarbeitung eingesetzt werden, basieren auf Strukturen und Konzepten, die zum Teil aus den Anfängen der Informatik hervorgegangen sind. Dies führte dazu, dass moderne Prozessorarchitekturen nicht geeignet sind, um sicherheitsgerichtete Echtzeitfunktionen auszuführen. Dieser Beitrag geht zu Beginn auf die Probleme der bekannten Prozessortechnologien in Bezug auf sicherheitsgerichtete Echtzeitdatenverarbeitung ein. Anschließend werden für die Funktionalität unerlässliche Anforderungen aufgezeigt. Im Folgenden werden dann Konzepte erarbeitet, die losgelöst von altbekannten und potentiell ungeeigneten Technologien betrachtet werden. Es wird gezeigt, dass die entworfene Prozessorarchitektur alle internen Fehler- und Ausfallmöglichkeiten erkennen und den Großteil davon sogar tolerieren kann.

1 Einführung

Eine Vielzahl moderner Prozessorarchitekturen baut in ihrer Arbeitsweise auf dem von Neumann-Prinzip auf, welches besagt, dass ein Programm, also die Abarbeitung einer Befehlsfolge, strikt sequentiell ablaufen muss. Ein folgender Befehl darf erst ausgeführt werden, wenn der vorhergehende vollständig abgeschlossen wurde. Des Weiteren sind sowohl Befehle als auch Programmdaten in ein und demselben Speicher abgelegt.

In der Prozessautomatisierung ist die zentrale Forderung die Erfüllung von Echtzeitbedingungen, also der rechtzeitigen und vorhersehbaren Abarbeitung von Aufgaben. Dies verlangt im Extremfall (zum Beispiel im sicherheitsgerichteten Echtzeitbetrieb) nach einem vollständigen Determinismus der Programmabarbeitung, was durch genau zwei Eigenschaften charakterisiert ist:

- garantierte Einhaltung definierter Zeitschranken,
- Vorhersehbarkeit der Ausführungszeiten.

Dies schließt nicht nur geplante, sondern vor allem auch ungeplante Aufgaben ein. Beispiele hierfür sind die Reaktion auf ungewöhnliche Ereignisse, wie zum Beispiel Fehlerzustände innerhalb eines Prozesses, oder auch eine Anhäufung regulärer Ereignisse. In beiden Situationen muss weiterhin Determinismus, also die zeitliche Vorhersagbarkeit der Aufgabenbearbeitung, gegeben sein.

Ziel der Abschlussarbeit [1] war es, eine Prozessorarchitektur zu entwerfen, die den Anforderungen an die sicherheitsgerichtete Echtzeitdatenverarbeitung dergestalt genügt, dass sie sicherheitsgerichtete Anforderungen erfüllt, die aus ihrer Einbettung in einen definierten Systemkontext resultieren, sowie einen deterministischen Rahmen bietet, um eine programmierbare Umgebung in eben diesem Systemkontext zu bilden.

2   Stand der Technik

Wie oben beschrieben ist die grundlegende Funktionsweise von Mikroprozessoren und Mikrocontrollern seit ihrer Einführung nahezu unverändert geblieben. Im Prozessorbereich wurde Fortschritt vor allem durch eine Erhöhung der Verarbeitungsgeschwindigkeit erreicht, sowie aktuell durch zunehmende Parallelisierung der Abarbeitung, vor allem durch Mehrkernprozessoren.

Den aktuellen Prozessortechnologien sind einige fundamentale Konzepte zu entnehmen, deren Einsatz Probleme in Bezug auf die sicherheitsgerichtete Echtzeitdatenverarbeitung in der Prozessautomatisierung mit sich bringen:

- CISC-Befehlssätze, d.h. Aufruf hart kodierter prozessorinterner Mikroprogramme,
- Pipelines, d.h. spekulatives Vorladen zukünftiger Befehle,
- Prozessorspeicher, d.h. spekulatives Verwenden schnellen Speichers,
- Unterbrechungen, d.h. Unterbrechen einer Aufgabe zu Gunsten einer anderen,
- Prioritäten, d.h. Einteilung von Aufgaben nach deren Wichtigkeit,
- Superskalarität, d.h. Ausführung mehrerer Befehle zur selben Zeit,
- fehlende Ausfallsicherheit, d.h., dass Ausfälle nicht kompensiert werden können.

3   Anforderungen an sicherheitsgerichtete Echtzeitsysteme

Zunächst wurden in [1] Anforderungen gesammelt, welche für sicherheitsgerichtete Echtzeitsysteme essentiell sind und daher die Rahmenbedingungen für die Lösungsfindung bildeten. Eine wesentliche Grundlage ergab hier, neben wissenschaftlicher Literatur, ein Satz an international gültigen Normenteilen zur funktionalen Sicherheit, nämlich die DIN EN 61508 [3–9].

3.1   Fundamentale Anforderungen

Fundamentale Anforderungen ergeben sich vor allem aus der gängigen Lehrmeinung sowie der gelebten Praxis. Hier lassen sich folgende Anforderungen identifizieren:

- Rechtzeitigkeit der Aufgabenbearbeitung, d.h. der Zeitraum, innerhalb dessen ein Verarbeitungsergebnis beziehungsweise eine Reaktion des Systems funktional korrekt zur Verfügung stehen muss [10, S. 3],

- Fehler- und Ausfallerkennung, d.h. das System kann einen Fehler oder Ausfall erkennen und einen sicheren Zustand einnehmen,
- Fehlertoleranz, d.h. das System ist in der Lage, seinen Funktionsumfang aufrecht zu erhalten, obwohl ein Fehler oder Ausfall vorhanden ist [6, S. 24],
- Vorhandensein eines sicheren Zustandes, d.h. das System beendet seine Funktion derart, dass keine Gefahr für Mensch und Umwelt von ihm ausgeht,
- das Verhalten des Systems ist zu jeder Zeit vorhersehbar [10, S. 245f]. Dazu zählen vor allem die
  - vorhersehbare Reaktion auf Ausfälle, d.h. es muss eine vorhersehbare Reaktion erfolgen, wenn ein Ausfall auftritt, sowie die
  - vorhersehbare Reaktion in Überlastsituationen, d.h. eine definierte Reihenfolge der Einschränkung von Teilfunktionalitäten.

3.2 Entwurfsanforderungen

An einigen Stellen werden in der DIN EN 61508 sehr konkrete Anforderungen an ein System genannt, wenn dieses konform zur Norm entworfen werden soll [4]. Beispiele solcher Entwurfsanforderungen sind:

- Vermeidung asynchroner Konstrukte,
- Logik vereinfachen,
- besondere Behandlung von On-Chip-Redundanz,
- Trennung sicherer von unsicheren Funktionen,
- Diagnoseabdeckungsgrad: Anteil unentdeckter, sicherheitsrelevanter Ausfälle < 1% bei einer Fehlertoleranz von 1.

3.3 Anforderungen aus Sicht der Programmierbarkeit

Die Norm DIN EN 61508 widmet einen ganzen Normenteil der Software sicherheitsgerichteter Systeme [5]. Dort werden folgende Anforderungen genannt:

- statische Ressourcenzuteilung,
- diversitäre Überwachungseinrichtungen,
- abgestufte Funktionseinschränkung,
- statische Synchronisation des Zugriffs auf gemeinsam genutzte Ressourcen,
- Vermeidung eines ereignisgesteuerten Systems mit garantierter maximaler Reaktionszeit,
- Vermeidung von Unterbrechungen des Programmablaufs.

4 Konzeptentwurf

Folgendes Zitat führte als Leitsatz durch die Konzeptfindung:

> „[...] von sicherheitsgerichteten Automatisierungssystemen zu erfüllende Bedingungen und Ziele können nur erreicht werden, wenn Einfachheit als fundamentales Entwurfsprinzip gewählt [wird]" [11, S. 15]

4.1 Sicherer Zustand

Ein sicherheitsgerichtetes Echtzeitsystem muss einen sicheren Zustand einnehmen, sobald ein nicht tolerierbarer Ausfall aufgetreten ist. Nun hängt die Definition eines sicheren Zustandes essentiell vom Einsatzgebiet des Systems ab. Jedes Einsatzgebiet hat seine eigenen Anforderungen an einen sicheren Zustand. Daher kann an dieser Stelle kein allgemeingültiger sicherer Zustand für eine Prozessorarchitektur genannt werden. Wichtig ist aber, dass das übergreifende System die Möglichkeit bekommt, einen sicheren Zustand einzunehmen. Dafür wurden diverse Mechanismen entwickelt, die eine Fehlererkennung und gegebenenfalls sogar Fehlertoleranz erlauben.

4.2 Fehlererkennung und -toleranz

Um der Forderung nach Fehlertoleranz zu genügen, muss sichergestellt sein, dass Fehler und Ausfälle erkannt werden können. Hierfür wurde eine Kombination aus Redundanz und überwachenden Diagnoseeinrichtungen gewählt (siehe Abb. 1).

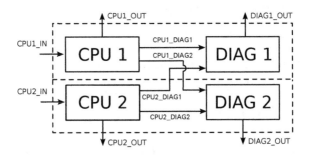

Abb. 1. Aufbau der Prozessorarchitektur auf Systeminteraktionsebene

Sämtliche Berechnungen finden gleichzeitig in beiden Prozessorteilen statt, was als aktive Redundanz bezeichnet wird. Jeder der Prozessoren besitzt funktional unabhängig vom Rechenprozess eine Diagnoseeinrichtung, die jeweils beide Prozessoren überwacht. Überwacht werden interne Zustände und Berechnungsergebnisse durch Vergleich, wobei nicht aktiv in den Bearbeitungsvorgang eingegriffen wird. Die Diagnoseeinrichtungen erhalten lediglich überwachenden Charakter.

Für die Diagnoseeinheiten ist keine Ausfallsicherung vorgesehen. Dies kann dadurch begründet werden, dass es durch Ein- und Zweifachfehler keine sicherheitsrelevanten Ausfälle der Diagnoseeinheiten geben kann, da diese nicht funktional an der Programmabarbeitung beteiligt sind (vgl. [1, S. 57f]).

4.3 Determinismus

Um Determinismus zu gewährleisten, muss garantiert sein, dass auf jedes externe Ereignis in einer vorhersehbaren Zeit reagiert werden kann. Des Weiteren ist es unerlässlich, dass gleichzeitig auftretende Ereignisse oder eine unvorhergesehene Häufung an Ereignissen das System nicht blockieren oder auf inakzeptable Weise ausbremsen.

Die Prozessorarchitektur soll als reaktiver Mehrkernprozessor ausgelegt werden, was als *ereignisreaktive Prozessorarchitektur* (ERPA) bezeichnet werden soll. Dies bedeutet, dass für jedes im Prozess auftretende Ereignis (repräsentiert durch einen eigenen Ereigniseingang am Prozessor) eine dedizierte, definierte und separierte Reaktion erfolgen soll (repräsentiert durch einen eigenen Reaktionsausgang am Prozessor). Somit hat jedes Ereignis, das auf den Prozessor wirken kann, einen eigenen Rechnerkern und ein eigenes Rechenprogramm, das zunächst unabhängig von den anderen Kernen und Programmen (re-)agieren kann.

Hiermit ist auch vollständiger Determinismus gewährleistet. Ist jedes sicherheitsrelevante Ereignis in der Implementierung als Kombination aus Programm und Rechnerkern repräsentiert, so kann selbst dann auf jedes Ereignis in deterministischer Weise reagiert werden, wenn alle Ereignisse gleichzeitig auftreten sollten, d.h. der Prozessor ist konstruktionsbedingt niemals überlastet.

4.4   Steuerungseinheit

Die Steuerungseinheit in jedem Rechnerkern verwaltet die Abarbeitung des statischen Programms aus dem Programmspeicher. Sie besteht nur aus folgenden Komponenten:

- Programmzähler (PZ): der Programmzähler speichert, welcher Befehl gerade zur Ausführung kommt. Nach erfolgter Abarbeitung wird der Programmzähler um eins erhöht, womit der nächste Befehl geladen werden kann.
- Bearbeitungseinheit (BE): in dieser Einheit findet die eigentliche Befehlsbearbeitung mit dem Befehl statt, der sich durch den Wert des Programmzählers sowie den zugehörigen Speicheradressen ergibt.

4.5   Ereignisbehandlung

Ein Ereignis, das durch ein Programm bearbeitet werden und zu einer Reaktion des Prozessors führen soll, kann nun auf die Bearbeitungseinheit einwirken, wodurch die Programmabarbeitung gestartet wird. Der Programmzähler enthält entsprechend die Speicherstelle der ersten Instruktion im Programmspeicher. Ein Ereignis kann nur zum Starten des Programms führen. Wirkt das Ereignis ein weiteres Mal, während die Programmarbeitung läuft, so wird dieses ignoriert. Auf das Ereignis kann erst wieder reagiert werden, wenn der Programmablauf beendet wurde, was dazu führt, dass der Programmzähler wieder auf die erste Speicherstelle verweist und der Kern auf eine weitere Abarbeitung wartet.

Ein Ereignis kann allerdings auch intern auftreten, bspw. indem ein Rechnerkern in einem Bearbeitungsschritt eine entsprechende Ausgabe zu einem weiteren Rechnerkern leitet.

4.6 Befehlssatz

Es kann gezeigt werden, dass nur ein minimaler Befehlssatz notwendig ist, um alle benötigten Funktionen innerhalb eines Prozessors abbilden zu können. Diese sind:

- Logische/boolesche Verknüpfungen: alle logischen Operationen sind als eine Kombination von NUNDs oder NODERs darstellbar.
- Zahlenoperationen: mit einer vorzeichenbehafteten Addition lassen sich alle elementaren Zahlenoperationen abbilden (unter der Einschränkung der Benutzung einer Teilmenge der ganzen Zahlen).
- Speicherzugriffe: alle Operationen werden direkt auf Daten im Datenspeicher ausgeführt (Drei-Adress-Logik), somit entfällt die Notwendigkeit eigener Befehle zum Zugriff auf den Datenspeicher.
- Datenmanipulationen: hierunter sind Schiebe-, Verschiebe- und Setzoperationen zu verstehen. Alle denkbaren Schiebe-, Verschiebe-, Rotations- und Setzoperationen sind durch einen Rotationsbefehl abbildbar.
- Sprungbefehle: um sämtliche Sprünge und Verzweigungen innerhalb eines Programms abbilden zu können, bedarf es einzig eines konditionierten Sprungs.
- Kommunikationsbefehle: sämtliche interne als auch externe Kommunikation lässt sich über die Drei-Adress-Logik abbilden, sodass keine separaten Ausgabebefehle benötigt werden.
- Zahlendarstellung: da Operationen auf Binärzahlen den ökonomischsten Weg der Zahlenbearbeitung darstellen, empfiehlt es sich, im Zusammenhang mit der Forderung nach einer vorzeichenbehafteten Addition auf Ganzzahlen, die Darstellung von Zahlen im Zweierkomplement zu verwenden.

Abschließend lässt sich festhalten, dass der minimale Befehlssatz nur aus den vier Befehlen NUND (oder NODER), ROTATION, SPRUNG sowie ADDIEREN besteht.

4.7 Speicherarchitektur

Daten- und Programmspeicher Prinzipiell existieren zwei Arten von Speicher innerhalb der Architektur eines Prozessors: der Programm- und der Datenspeicher. Der Programmspeicher beinhaltet eine feste Abfolge von Befehlen, das sogenannte Programm. Dieser ist während seiner Ausführung in der Regel unveränderlich und wird sequentiell abgearbeitet. Der Datenspeicher dient dem Vorhalten veränderlicher Daten wie Berechnungsergebnissen und Zustandsabbildungen.

Es bietet sich also an, den Programm- separat vom Datenspeicher zu halten. Dies kommt der Behandlung eines gewissen Fehlerpotentials entgegen, bei dem fälschlicherweise Datenteile als Programmteile interpretiert werden könnten und umgekehrt, sollte bei der Programmierung nicht allerhöchste Sorgfalt vorherrschend sein.

Auch ist der Programmspeicher in der Regel unveränderlich. Daher lässt sich auch hier einem gewissen Fehlerpotential vorbeugen, indem auf den Programmspeicher nur lesend zugegriffen werden darf. Dies resultiert in getrennten Speichern für Daten und Programm, was im Wesentlichen der sogenannten Harvard-Architektur genügt.

Zyklisches statt reaktives Verhalten Für die höchsten Sicherheitsanforderungen wird in der DIN EN 61508 eine zyklisch oder zeitgesteuert arbeitende statt einer reaktiven Architektur empfohlen. Begründet wird dies unter anderem damit, dass in einer derart arbeitenden Architektur der Programmablauf zu jeder Zeit nachvollziehbar ist [9, S. 89f], in einer reaktiven Architektur ist dies naturgemäß nicht der Fall.

An dieser Stelle soll eine Möglichkeit vorgestellt werden, wie eine streng zyklische/zeitgesteuerte Programmabarbeitung auch mit der ereignisreaktiven Prozessorarchitektur umgesetzt werden kann.

Sei ein Rechnerkern einzig dafür vorgesehen, dass er nicht auf ein einzelnes, externes Ereignis reagiert, sondern ein Programm zyklisch abarbeitet. So kann dieser Rechnerkern die Verwaltung sämtlicher anderer Kerne übernehmen. Während der zyklischen Abarbeitung seines Programms kann dieser Rechnerkern externe Signale, die an seinen Eingängen anliegen, auswerten und gegebenenfalls andere Rechnerkerne über seine Ausgänge ansteuern. Diese Rechnerkerne führen dann eine zu dem Ereignis vorgesehene Reaktion aus, welche deterministisch abgearbeitet wird.

4.8   Gesamtarchitektur

Abb. 2 zeigt ein Gesamtbild der Prozessorarchitektur. Aus Gründen der Übersichtlichkeit wurde darin auf die Redundanzen sowie die Diagnoseverbindung zu jeder Schnittstelle verzichtet.

5   Fazit

Es konnte gezeigt werden, dass alle sicherheitsgerichteten Anforderungen mit der vorliegenden ereignisreaktiven Prozessorarchitektur (ERPA) erfüllt werden. Sogar die Einsatzmöglichkeit in einer zyklisch arbeitenden Umgebung konnte beispielhaft gezeigt werden, was die Flexibilität der Architektur beweist.

Der Diagnoseabdeckungsgrad der gesamten Architektur beträgt einhundert Prozent, was bedeutet, dass alle Einfachfehler korrigiert, sowie alle Zweifachfehler mindestens detektiert, nachweislich aber zum Großteil sogar toleriert werden können. Eine Betrachtung von Mehrfachfehlern (Dreifachfehler, Vierfachfehler, ...) wurde nicht durchgeführt, da die Auftretenswahrscheinlichkeit gering ist sowie ihre Betrachtung von der Norm DIN EN 61508 nicht gefordert wird.

Des Weiteren wurde keine der problembehafteten Technologien, die eingangs aufgeführt wurden, zur Erfüllung der sicherheitsgerichteten Anforderungen benötigt.

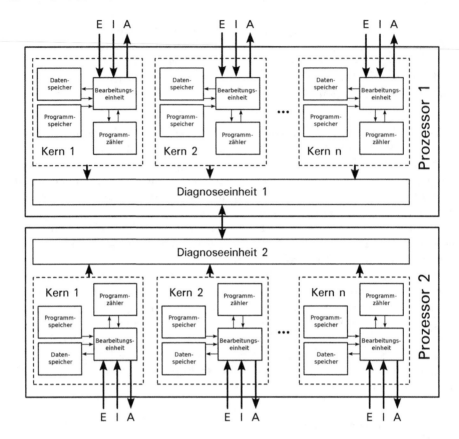

Abb. 2. Gesamtbild der Prozessorarchitektur

Skalierbarkeit der Prozessorarchitektur hin zu größeren Datenbreiten, eine größere Anzahl zu bearbeitender Ereignisse sowie längere Programme ist ohne zusätzlichen Aufwand möglich und beeinträchtigt die Sicherheit in keiner Weise. Daher ist maximale Flexibilität bezüglich der Anpassung an ein Zielsystem gegeben.

6   Ausblick

6.1   Programmierung der Prozessorarchitektur

Es ist für sicherheitsgerichtete Anwendungen unrealistisch und fehleranfällig, einen Prozessor in seiner Maschinensprache zu programmieren. Stand der Technik ist, dass eine für sicherheitsgerichtete Echtzeitanwendungen geeignete Hochsprache verwendet wird, sodass ein Kompilierer die Übersetzung in die Maschinensprache übernimmt. Dadurch ist höhere Verständlichkeit des Programms gegeben, was eine bessere Verifizierbarkeit ermöglicht sowie die Wiederverwendbarkeit von Programmkode erleichtert.

Folgende Eigenschaften sollten Programmiersprachen erfüllen, um für den Einsatz unter sicherheitsgerichteten Echtzeitbedingungen geeignet zu sein (vgl. [5, S. 53, Tabelle A.3] sowie [5, S. 54, Tabelle A.4]):

- Verwendung einer Sprachteilmenge,
- streng typisierte Programmiersprache,
- Entwurfs- und Programmierrichtlinien.

Eine für sicherheitsgerichtete Echtzeitanwendungen geeignete Programmiersprache wurde von Hillebrand in [12, S. 21ff] vorgeschlagen. Diese verwendet Funktionspläne, Ursache-Wirkungstabellen, Meilensteindiagramme sowie Kontrolltabellen und soll so eine vereinfachte diversitäre Rückwärtsanalyse zur Verifizierung ermöglichen. Des Weiteren findet sich ein interessanter Ansatz zur Weiterentwicklung der Sprache PEARL in [13].

6.2 Skalierbarkeit der Prozessorarchitektur

Zur Verwendung unter unterschiedlichsten Umbegungsbedingungen unterstützt die Prozessorarchitektur eine Skalierung ihrer fundamentalen Eigenschaften auf die Bedürfnisse, die in der Zielumgebung vorherrschen.

Datenbreiten, Programmlängen sowie die Anzahl der zu verarbeitenden Ereignisse sind von der Prozessorarchitektur nicht vorgegeben und auch nicht beschränkt. Hier kann zur Entwicklungszeit entschieden werden, wie die Architektur anhand der Bedürfnisse des übergreifenden Systems auszulegen ist.

Der Vorteil dabei ist, dass sämtliche sicherheitsrelevanten Eigenschaften (Datenkonsistenz, Reaktionszeiten, Diagnoseabdeckungsgrad) nahezu unabhängig von der Skalierung sind. So lassen sich bereits in einem sehr frühen Entwurfsstadium eine Aussage über fundamentale sicherheitsrelevante Eigenschaften treffen und damit entsprechende Anforderungen an das Gesamtsystem realisieren oder verwerfen.

6.3 Integration der ERPA in den Software-Entwicklungsprozess

Aufgrund der hohen Flexibilität und Skalierbarkeit der vorliegenden Prozessorarchitektur bietet es sich in einem nächsten Schritt an, die Integration der Prozessorimplementierung in den Software-Entwicklungsprozess vorzusehen und diese nicht losgelöst von der Programmierung zu betrachten.

Datenbreiten, benötigte Daten- und Programmspeichergrößen, Anzahl Rechnerkerne, Kommunikationsschnittstellen und damit auch die Größe der benötigten Halbleiterfläche ergeben sich direkt aus der Software, die damit als Quelle der Anforderungen an die Skalierung der Prozessorimplementierung gelten kann.

Wie bereits beschrieben ändert sich nahezu keine der sicherheitsrelevanten Eigenschaften, sollte sich eine dynamische Skalierung aus den tatsächlichen Software-Bedarfen ergeben. Wie die Prozessorarchitektur in den Software-Entwicklungsprozess integriert werden kann und sich damit eine Skalierung der Prozessorarchitektur direkt aus dem Programmkode sowie dem Kompiliervorgang ergibt, ist Teil weiterführender Untersuchungen.

Literaturverzeichnis

1. Koß, D.: Prozessorarchitektur zum Einsatz unter sicherheitsgerichteten Echtzeitbedingungen. MSc-Abschlussarbeit, FernUniversität in Hagen, 2015
2. Brinkschulte, U. & Ungerer, T.: Mikrocontroller und Mikroprozessoren. Springer, 2010
3. Deutsches Institut für Normung: DIN EN 61508-1/VDE 0803-1 – Teil 1: Allgemeine Anforderungen. 2011
4. Deutsches Institut für Normung: DIN EN 61508-2/VDE 0803-2 – Teil 2: Anforderungen an sicherheitsbezogene elektrische/elektronische/programmierbare elektronische Systeme. 2011
5. Deutsches Institut für Normung: DIN EN 61508-3/VDE 0803-3 – Teil 3: Anforderungen an Software. 2011
6. Deutsches Institut für Normung: DIN EN 61508-4/VDE 0803-4 – Teil 4: Begriffe und Abkürzungen. 2011
7. Deutsches Institut für Normung: DIN EN 61508-5/VDE 0803-5 – Teil 5: Beispiele zur Ermittlung der Stufe der Sicherheitsintegrität. 2011
8. Deutsches Institut für Normung: DIN EN 61508-6/VDE 0803-6 – Teil 6: Anwendungsrichtlinie für IEC 61508-2 und IEC 61508-3. 2011
9. Deutsches Institut für Normung: DIN EN 61508-7/VDE 0803-7 – Teil 7: Überblick über Verfahren und Maßnahmen. 2011
10. Benra, J.T. & Halang, W.A. (Hrsg.): Software-Entwicklung für Echtzeitsysteme. Springer, 2009
11. Halang, W.A. & Konakovsky, R.M.: Sicherheitsgerichtete Echtzeitsysteme. Springer Vieweg, 2013
12. Unger, H. & Halang, W.A. (Hrsg.): Industrie 4.0 und Echtzeit – Echtzeit 2014. Reihe Informatik aktuell, Springer, 2014
13. C.K. Houben: Towards a New Standardisation of PEARL Oriented at Functional Safety. In: Autonomous Systems 2013, Unger, H. & Halang, W.A. (Hrsg.). Fortschr.-Ber. VDI Reihe 10 Nr. 827, VDI-Verlag, 2013

SAKKORO. Eine generische, echtzeitfähige Systemarchitektur für kognitive, kooperierende Roboter

Adrian Leu, Danijela Ristić-Durrant und Axel Gräser

Institut für Automatisierungstechnik
Universität Bremen
Otto-Hahn-Allee 1, 28359 Bremen
{aleu|ristic|ag}@iat.uni-bremen.de

Zusammenfassung. Dieser Beitrag stellt eine generische Systemarchitektur für kognitive, kooperierende Roboter vor und verdeutlicht Einzelheiten am Beispiel des robotergestützten Gangrehabilitationssystems CORBYS. Hauptmerkmal dieser Architektur ist die Integration von zeit- und rechenintensiven kognitiven Modulen mit Echtzeitregelungsmodulen. Zudem erleichtert die Systemarchitektur das Hinzufügen neuer Funktionalität durch Bereitstellung einer Softwaremodulvorlage, welche die nötige Kommunikation mit vorhandenen Modulen bereits beinhaltet. Zudem werden internetbasierte Fernverbindungen unterstützt, welche ebenfalls die Systemintegration erleichtern und zur Fernüberwachung des Systems dienen.

1 Einleitung

Seit mehreren Jahren wird an der Entwicklung von Robotern gearbeitet, die nicht mehr allein für, sondern in Kooperation mit Menschen tätig sind. Diese Roboter müssen durch kognitive Fähigkeiten in der Lage sein, die jeweilige Situation in Echtzeit zu erkennen und darin selbstständig Entscheidungen zu treffen, die stets den aktuellen Bedürfnissen des menschlichen Mitarbeiters entsprechen. Bei der Entwicklung eines so komplexen Robotersystems sind oft mehrere Forschungs- und Entwicklungseinrichtungen gemeinsam tätig, was die Systemintegration erschweren kann.

Das Grundgerüst eines komplexen robotergestützten Systems ist die Systemarchitektur, welche die Zusammenarbeit einzelner Softwaremodule koordiniert und dabei die Funktionalität des Systems überwacht, um dessen sicheren Betrieb permanent zu gewährleisten. Die Zielsetzung der SAKKORO Architektur ist, eine zuverlässige, generische Kernfunktionalität anzubieten, welche für viele robotergestützte Systeme notwendig ist:

- Situationserkennung;
- Echtzeit auf mehreren Ebenen:
  - Harte Echtzeit mit großer Frequenz und kleiner Abtastzeit;
  - Tolerante Echtzeit mit geringer Frequenz und hohem Rechenzeitbedarf;

– Systemsicherheit: Laufzeiterkennung von Fehlern;
– Sichere internetbasierte Fernverbindungen zur Unterstützung der Systemintegration und zur Überwachung des Systems;
– Unterstützung der Kooperation mehrerer Forschungseinrichtungen.

2 Die SAKKORO Architektur

Anhand der beschriebenen Systemanforderungen wurde die mehrschichtige SAKKORO Architektur entwickelt. Die Architektur ist so aufgebaut, dass auf der untersten Ebene die Sensoren und Aktuatoren liegen, während auf der obersten Ebene die kognitiven Module untergebracht sind, die anhand der gesammelten Sensordaten globale Entscheidungen treffen können. Dazwischen liegen zwei Ebenen die einerseits zur Koordination und Systemüberwachung dienen und andererseits die Echtzeitregelung übernehmen. Eine Übersicht der Architektur ist in Abb. 1 dargestellt.

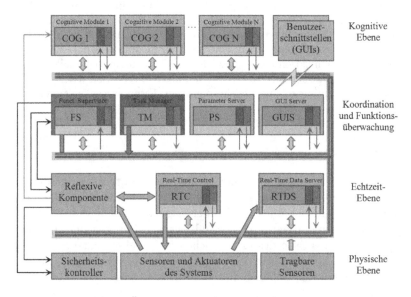

Abb. 1. Übersicht der SAKKORO Architektur

Die **physische Ebene** beinhaltet die Sensoren und Aktuatoren des Systems, sowie die tragbaren Sensoren, die zur Erfassung des physiologischen Zustands des Mitarbeiters dienen, z.B. durch Messung der Herzfrequenz oder der Muskelaktivität. Zudem verfügt die physische Ebene über einen Sicherheitskontroller, der vorausschauend eingreift sobald eine Fehlfunktion erkannt wird, wobei die Eingriffe bis zur Unterbrechung der Stromversorgung der Antriebe reichen können. Dadurch wird gewährleistet dass das System jederzeit zum Stillstand kommt, wenn eine ernsthafte Störung erkannt wird.

Die **Echtzeitebene** stellt der kognitiven Ebene einerseits die Sensordaten zur Verfügung mit Hilfe des *Real-Time Data Servers* (RTDS) und andererseits regelt das *Real-Time Control* Modul (RTC) die Aktuatoren ensprechend der Befehle, die von der kognitiven Ebene gesendet werden. Da diese Befehle in der Regel mit einer geringeren Frequenz gesendet werden als die Abtastrate der Echtzeitregelung, wird zwischen zwei Befehlen entsprechend interpoliert. Die Echzeitebene besitzt außerdem eine zusätzliche reflexive Komponente, welche die Sensoren und Aktuatoren, sowie die vom Regelungsmodul gesendeten Befehle überwacht und notfalls korrigierend einschreiten kann, ohne auf die langsameren kognitiven Modulen angewiesen zu sein. Somit dient diese als Sicherheitskomponente.

Die **Koordination und Funktionsüberwachung** besteht aus mehreren Modulen, welche die Funktionen des Systems koordinieren und überwachen. Diese Module sind dafür zuständig, globale Aufgaben zu koordinieren und sicherzustellen dass alle Module des Systems betriebsbereit sind und fehlerfrei arbeiten.

Die Funktionsüberwachung wird u.a. durch sogenannte Heart Beats ermöglicht, welche von allen Modulen regelmäßig verschickt werden und vom *Functionality Supervisor* (FS) empfangen werden. Zusätzlich wird anhand der Vorgangsnummern und der Zeitstempel, die in den Hart Beats integriert sind, die Zuverlässigkeit und die Latenz der Kommunikation überwacht.

Der *Task Manager* (TM) beinhaltet einen Zustandsautomaten und stellt sicher dass alle Übergänge korrekt stattfinden. Dafür werden die enstprechenden Vorbedingungen überprüft und anschließend werden alle Module über die bevorstehende Änderung informiert. Hierfür werden die Module, wenn nötig, neu konfiguriert. Sobald alle Module bereit für den Übergang sind, wird der Zustand des Systems entsprechend geändert.

Der *Parameter Server* (PS) speichert alle Parameter der SAKKORO Module, die während der Laufzeit geändert werden können. Änderungen werden über die Benutzerschnittstelle (GUI) eingegeben und vom TM ausgeführt. Sobald sich eine Einstellung ändert, werden die betroffenen Module automatisch vom PS informiert.

Die Verbindung zum Benutzer findet über konfigurierbare Benutzerschnittstellen statt, die je nach Benutzergruppe individuell gestaltbar sind. Diese werden mit Hilfe des *GUI Servers* (GUIS) kontinuierlich synchronisiert und ermöglichen dadurch mehreren Benutzergruppen (auch durch internetbasierte Fernverbindungen) gleichzeitig Systemdaten einzusehen und Systemparameter zu ändern.

Auf der **kognitiven Ebene** befinden sich Module die dazu da sind, den Zustand des Systems, sowie den Zustand des menschlichen Mitarbeiters zu erfassen und um darauf basierend selbstständige Entscheidungen zu treffen. Die genaue Anzahl sowie die Funktionalität dieser Module ist Anwendungsspezifisch, beinhaltet in der Regel aber mindestens ein Modul zur Wahrnehmung des Systems und der Umgebung und ein lernfähiges Modul, welches bestimmte Aktionen lernen und wiedergeben kann.

Die Kommunikation zwischen den Modulen auf den oberen drei Ebenen der SAKKORO Architektur wird mit Hilfe des weit eingesetzten ROS (Robot Operating System) Rahmenwerks [1] ermöglicht. Zudem basieren alle Module auf diesen drei Ebenen auf die SAKKORO Softwaremodulvorlage, die in Abb. 2 dargestellt ist.

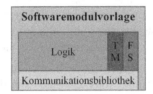

Abb. 2. Die SAKKORO Softwaremodulvorlage

Die Softwaremodulvorlage beinhaltet eine Kommunikationsbibliothek, welche zur Kommunikation mit den anderen Modulen dient und dabei die Zuverlässigkeit der Kommunikation überwacht. Hierfür beinhalten alle Datenpakete einen Zeitstempel und eine Vorgangsnummer, anhand welcher die Zustellungszeiten sowie evtl. verloren gegangene Pakete ermittelt werden können.

Neben der Komponente zur Kommunikation mit den anderen Modulen beinhaltet die Softwaremodulvorlage Komponenten zur Kommunikation mit den beiden zuständigen Modulen für die Koordination (TM) und Funktionsüberwachung (FS), sowie mit dem Parameter Server (PS). Dieser erweiterte Umfang an Kernfunktionalität ermöglicht es den Entwicklern, sich voll und ganz auf die Logik ihres Moduls zu konzentrieren. Zudem können Änderungen der Kernfunktionalität einfach umgesetzt werden, da alle Module auf die gleichen Funktionsbibliotheken zugreifen.

Die konfigurierbaren Benutzerschnittstellen sind über TCP mit dem GUI Server verbunden, um auch auf Geräten laufen zu können, die ROS nicht unterstützen. Eine Übersicht dieser Kommunkation ist in Abb. 3 dargestellt.

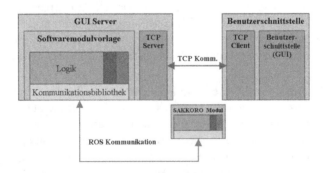

Abb. 3. Kommunikation zwischen Benutzerschnittstelle und GUI Server

3 Das robotergestützte Gangrehabilitationssystem CORBYS

Die SAKKORO Architektur wurde erstmals im Rahmen des CORBYS Projektes [2] unter realen Bedingungen angewendet. Im Rahmen des Projektes wurde das in Abb. 4 dargestellte robotergestützte Gangrehabilitationssystem entwickelt, welches aus einer Orthese, einer mobilen Plattform und einem Laufband besteht [3].

Abb. 4. Übersicht des robotergestützten Gangrehabilitationssystems CORBYS

Nach Durchsicht der Anforderungsanalyse ergaben sich folgende Anforderungen an die Systemarchitektur:

- Harte Echtzeitregelung: 1 kHz für die angetriebene Orthese, die Plattform und das Laufband;
- Tolerante Echtzeitregelung: 20 Hz für die kognitiven Module;
- Integration der festen und der toleranten Echtzeitregelung innerhalb der Systemarchitektur;
- Systemsicherheit: Laufzeiterkennung von Fehlern;
- Fernverbindungen zur Unterstützung der Systemintegration und zur überwachung des Systems, sowie zur Ferndiagnose.

Das EU-Projekt CORBYS hatte ein multinationales Konsortium bestehend aus 11 Instituten aus 6 EU Ländern. Eine der größten Herausforderungen die dadurch entstand war die Systemintegration, da es sich um ein sehr komplexes System handelt, das gleichzeitig an mehreren geographischen Orten entwickelt wurde. Ein wichtiger Aspekt, den es zu berücksichtigen galt, war daher die Möglichkeit dass die Projektpartner parallel ihre Module entwickeln und testen können, ohne die Notwendigkeit alle gleichzeitig am gleichen Ort sein zu müssen. Um dieser Anforderung nachgehen zu können, wurden mehrere Rechner eingesetzt, je ein Rechner pro entwickelnder Partner (insgesamt 6 Stück). Das hatte zudem den Vorteil dass die Rechenleistung des Systems dadurch gesteigert wurde.

Die Rechner auf denen die SAKKORO basierten Module laufen, wurden über das General Purpose Netzwerk (GPN), einem Ethernet Netzwerk, miteinander verbunden, um geringe Zustellungszeiten zu ermöglichen. Dabei wurden die Echtzeituhren der Rechner mit Hilfe von Chrony [4] mit einer Genauigkeit von unter 1 ms synchronisiert.

Die Kommunikation mit den Sensoren und Aktuatoren erfolgte über das Real-Time Network (RTN), ein deterministisches EtherCAT Netzwerk [7], welches die erforderliche Kommunikationsrate von 1 kHz ermöglichte. Die entsprechende Echtzeitregelung wurde mit Hilfe eines Linux-Echtzeitkernels umgesetzt, indem die Algorithmen in OROCOS [5] implementiert wurden. OROCOS ist ein Rahmenwerk zur Echtzeitregelung, welches ohne großen Aufwand in ROS integriert werden kann. Eine Voruntersuchung zur SAKKORO Systemarhitektur, so wie sie in CORBYS zum Einsatz kommt, ist in [6] zu finden.

4   Systemintegration

Die Integration des CORBYS Systems wurde in drei Schritten durchgeführt, um die notwendige Zeit, alle Projektpartner am gleichen Ort zu haben, möglichst kurz zu halten:

- Off-line mit Hilfe von sogenannten rosbags (aufgezeichnete Datenpakete)
- On-line durch Fernverbindungen mittels OpenVPN
- On-line auf dem verteilten Rechensystem, bestehend aus mehreren Rechnern, welche an Bord des Gangrehabilitationssystems betrieben werden

Die Off-line Integration wurde bereits in einer frühen Phase des Projekts durchgeführt, vor der Fertigstellung der mechanischen Konstruktion, hauptsächlich um die Kommunikation zwischen den SAKKORO Modulen zu testen. Hierbei wurden sogenannte rosbags aufgezeichnet, welche die Kommunikation unter den Modulen speicherten. Dabei waren in erster Linie Sensordaten wichtig, die im nächsten Schritt zur Entwicklung der Kognitiven Modulen benutzt wurden.

Nachdem die Off-line Integration erfolgreich abgeschlossen wurde und jeder Projektpartner sein eigenes Modul entwickelt und getestet hatte, wurden in der zweiten Integrationsphase OpenVPN basierte Fernverbindungen über das Internet hergestellt. Dadurch wurde das GPN Netzwerk simuliert, das später auf dem

CORBYS System zum Einsatz kommen würde. In dieser Phase der Integration konnte bereits das Zusammenspiel der SAKKORO Module getestet werden, wenn auch nicht im vollen Umfang, da die Latenz größer und die Übertragungsrate deutlich kleiner war als später an Bord des CORBYS Systems.

Durch die ersten beiden Phasen der Systemintegration wurde die dritte und aufwendigste Phase auf nur wenigen Wochen reduziert, da die SAKKORO Module bereits zu Beginn dieser Phase in der Lage waren, erfolgreich miteinander zu agieren. In dieser letzten Phase der Integration wurden hauptsächlich die Parameter der Module angepasst und die Echtzeitregelung verfeinert, da diese in den ersten beiden Phasen nicht fertiggestellt werden konnte.

5   Funktionelle Tests

Um die Zuverlässigkeit und die Effizienz der Kommunikation zwischen den SAKKORO Modulen und der Benutzerschnittstelle zu testen, wurden die relevanten Zustellungszeiten gemessen, wie in der Tabelle 1 dargestellt. Dabei unterscheidet man zwischen zwei Datentypen: Konfiguration und Sensordaten.

Tabelle 1. Zustellungszeiten

Datentyp	Sender	Empfänger	Mittlere Zustellungszeit (ms)
Konfiguration (30 Byte)	Global GUI	GUI Server	7
	GUI Server	SAKKORO Modul	9
Sensordaten (100 Byte)	SAKKORO Modul	GUI Server	13
	GUI Server	Global GUI	11
	SAKKORO Modul	SAKKORO Modul	15

Der erste Test zeigt wie schnell Einstellungen, die der Benutzer über die Benutzerschnittstelle (GUI) eingibt, als 30 Byte Datenpaket zum GUI Server gesendet und anschließend zum ensprechenden Modul weitergeleitet werden. Dabei kann man erkennen dass die Gesamtzustellungszeit etwa 16 ms beträgt.

Der zweite Test zeigt wie schnell ein 100 Byte Datenpaket von einem SAKKORO Modul zum GUI Server und weiter zur Benutzerschnittstelle (insgesamt etwa 24 ms), sowie von SAKKORO Modul zu SAKKORO Modul (etwa 15 ms) geschickt wird. Dabei kann es sich entweder um rohe Daten oder um bereits verarbeitete Daten handeln.

Beide Tests wurden 1000 Mal durchgeführt und es ergab sich eine Standardabweichung von 3 ms. Die Benutzerschnittstelle war dabei über ein kabelloses 802.11g Netzwerk verbunden. Die SAKKORO Module konnten über ein 100 Mbps Ethernet Netzwerk mit Stern-Topologie miteinander kommunizieren.

Die durchgeführten Tests zeigen dass die Zustellungszeiten niedrig genug sind, um eine angemessene Reaktionszeit seitens des Systems zu gewährleisten, wenn man die Abtastraten des GPN Netzwerks in Betracht zieht (20 Hz).

6   Zusammenfassung

In diesem Beitrag wird die generische, kognitive SAKKORO Architektur vorgestellt, dessen Hauptmerkmal die Integration von zeit- und rechenintensiven kognitiven Modulen mit den Echtzeitregelungsmodulen ist. Die Einsatzfähigkeit der entwickelten Systemarchitektur wurde anhand des im CORBYS Projekt entwickelten Gangrehabilitationssystems dargestellt, in dem die Systemintegration in drei Phasen mit Hilfe der SAKKORO Architektur erfolgreich durchgeführt wurde.

7   Danksagung

Diese Forschungsarbeit wurde von der Europäischen Kommission als Teil des CORBYS Projekts (Cognitive Control Framework for Robotic Systems) unter dem Vertrag FP7 ICT-270219 unterstützt.

Literaturverzeichnis

1. Cousins, S.: Welcome to ROS Topics. IEEE Robotics & Automation Magazine, vol. 17(1), pp. 13-14 (2010)
2. CORBYS, www.corbys.eu
3. Slavnić, S., Ristić-Durrant, D., Tschakarow, R., Brendel, T., Tüttemann, M., Leu, A., Gräser, A.: Mobile robotic gait rehabilitation system CORBYS - overview and first results on orthosis actuation, IEEE/RSJ International Conference on Intelligent Robots and Systems (2014)
4. Chrony http://chrony.tuxfamily.org/
5. Bruyninckx, H.: Open robot control software: the orocos project, IEEE International Conference on Robotics and Automation (ICRA), Korea, vol. 3, pp. 2523-2528 (2001)
6. Leu, A., Ristić-Durrant, D., Slavnić, S., Glackin, C., Salge, C., Polani, D., Badii, A., Khan, A., Raval, R.: CORBYS Cognitive Control Architecture for Robotic Follower, IEEE/SICE International Symposium on System Integration, Japan, pp. 394-399 (2013)
7. EtherCAT, www.ethercat.org

CPS-Remus: Eine Hochverfügbarkeitslösung für virtualisierte cyber-physische Anwendungen

Boguslaw Jablkowski und Olaf Spinczyk

Lehrstuhl für Informatik
Technische Universität Dortmund
{boguslaw.jablkowski|olaf.spinczyk}@tu-dortmund.de

Zusammenfassung. Einen Ansatz für die hochverfügbare Absicherung von Anwendungen bietet die Technik der Replikation von virtuellen Maschinen (VMs). Den vorhandenen Implementierungen mangelt es jedoch an der Möglichkeit den Replikationszeitpunkt explizit bestimmen zu können. Das hat zur Folge, dass nur äußerst pessimistische Schranken für die Antwortzeiten von abgesicherten Anwendungen bestimmt werden können. Aus diesem Grund ist im Falle von VMs mit zeitkritischen Anforderungen eine Absicherung entweder nicht möglich oder es muss eine konservative und somit nur unbefriedigende Partitionierung der Systemressourcen erfolgen. In diesem Beitrag stellen wir eine Erweiterung der softwarebasierten Hochverfügbarkeitslösung Remus vor, welche einer VM die explizite Kontrolle über den Replikationszeitpunkt gewährt. Zum einen werden dadurch neue Anwendungsfälle erschlossen. Zum anderen zeigen die in diesem Artikel präsentierten Untersuchungen, dass im Vergleich zum aktuellen Stand der Technik die vorgestellte Erweiterung deutlich deterministischere Antwortzeiten bietet.

1 Einleitung

Cyber-physische Systeme (CPS) bestimmen in großem Maße die heutige Industrielandschaft. Sie entstehen aus der Verschmelzung von verteilten Rechensystemen mit den mechanischen oder elektronischen Komponenten der physischen Umgebung und werden überall dort eingesetzt, wo komplexe Prozesse überwacht und präzise gesteuert werden müssen. Beispiele für solche Anwendungsdomänen sind der Automobilbereich, die Avionik, die Robotik oder die Energiesysteme. Insbesondere die Überwachung und die Steuerung von zukünftigen Energiesystemen, inzwischen auch cyber-physische Energiesysteme (CPES) genannt, bildet ein aktuelles und interessantes Forschungsgebiet mit vielen offenen Fragen. Aufgrund der Liberalisierung der Strommärkte, der Energiewende und der durch diese beiden Faktoren verursachten volatilen Einspeisung, weisen bereits die heutigen Stromnetze eine hohe und stetig steigende Lastflussdynamik auf. Um in der nahen Zukunft einen sicheren und stabilen Netzbetrieb gewährleisten zu können, werden zukünftige Energienetze ein hohes Maß an aktiver und echtzeitfähiger Überwachung und Steuerung erfordern. Die hierfür benötigten Softwarekomponenten müssen dabei Informationen im Weitbereich zuverlässig und mit

Einhaltung von Echtzeitanforderungen kommunizieren und verarbeiten können. Zuverlässig bedeutet unter anderem, dass die Verfügbarkeit von kritischen Funktionen des Systems – auch im Fehlerfall – kontinuierlich gewährleistet werden muss. Eine Technologie welche diese Art der Zuverlässigkeit und Fehlertoleranz ermöglicht, ist die Virtualisierungstechnik. Diese erlaubt es die in den VMs gekapselten kritischen Anwendungen hochverfügbar abzusichern, indem mit einer bestimmten Frequenz ein Abbild des Zustandes dieser VMs erstellt und über das Netzwerk auf einen anderen Rechner übertragen wird. Im Falle eines Ausfalls einer kritischen Komponente des Systems, oder sogar des gesamten primären Rechners, übernimmt innerhalb kürzester Zeit eine zustandsgleiche – jedoch auf einem anderem physischen Rechner sich befindliche – VM die Arbeit. Allerdings ermöglicht der aktuelle Stand der Technik nur, entweder Abbilder mit einer festen Frequenz und somit unabhängig von der Arbeit der VM zu erstellen [1], oder die abzusichernde VM muss parallel auf mehreren Rechnern ausgeführt werden [2]. Die Möglichkeit, den Replikationszeitpunkt explizit durch die virtualisierte Anwendung selbst bestimmen zu lassen, fehlt dagegen. Dieser Beitrag hat die Schließung dieser Lücke zum Ziel.

2   Architektur der Hochverfügbarkeitslösung

Den Ausgangspunkt für unsere Arbeit bildet die softwarebasierte Hochverfügbarkeitslösung Remus [1]. Diese wurde als eine Erweiterung für den Xen-Hypervisor [3] entwickelt – einer populären, performanten und frei verfügbaren Lösung für Plattformvirtualisierung. Xen ermöglicht es simultan mehrere in VMs gekapselte Betriebssysteme (auch Domänen genannt) auszuführen und gewährleistet zugleich eine zeitliche und räumliche Isolation dieser VMs. Die Verwaltungsfunktionen werden von einer speziellen, privilegierte VM – bezeichnet als Dom0 – übernommen. Diese dient der Interaktion zwischen dem Hypervisor, der Hardware und den anderen nicht privilegierten Domänen. Des Weiteren ist Xen in der Lage den gesamten Zustand einer ausgeführten VM (Prozessor-, Speicher-, Netzwerk- und Festplattenzustand) transparent zu sichern. Dadurch ist es unter anderem möglich eine VM im laufenden Betrieb zu migrieren, d.h. diese auf einen anderen physischen Rechner zu übertragen ohne dabei ihre Ausführung zu beeinträchtigen. Diese Eigenschaft – und die der Migration zugrundelegende Technik [4] – macht sich Remus zunutze, um eine Hochverfügbarkeitslösung für Xen zu implementieren. Remus synchronisiert periodisch den Zustand der aktiven, primären VM mit ihrer Sicherungskopie. Dabei findet in jedem Zyklus die gleiche Abfolge von Prozessen statt: Die laufende VM wird suspendiert, es werden die in der letzten Periode beschriebenen Speicherseiten identifiziert und zusammengefasst (*checkpoint*), diese Zustandsdifferenz wird an die Sicherungskopie übertragen und nach einer Bestätigung der Zustandssynchronisation durch die Sicherungskopie wird die primäre VM in ihrer Ausführung fortgesetzt. Der beschriebene Prozess ist in der angelsächsischen Literatur unter dem Begriff *checkpointing* bekannt. Um im Falle eines Ausfalls des das Checkpointing durchführenden Rechners nach außen hin Kohärenz zu gewährleisten, werden im

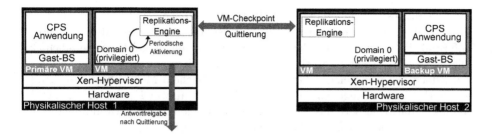

Abb. 1. Architektur der virtualisierungsbasierten Hochverfügbarkeitslösung

Standardbetrieb alle ausgehenden Netzwerkpakete zwischengepuffert. Dadurch wird sichergestellt, dass aus der Sicht des Nutzers, im Fehlerfall, die Sicherungskopie und die primäre VM den gleichen Zustand aufweisen. Abbildung 1 stellt die Grundarchitektur von Xen und Remus dar.

2.1 Unzureichender Konfigurationsraum

Das von Remus implementierte periodische Verfahren erlaubt es nur mit einer festen Frequenz Checkpoints durchzuführen. Dies ist mit bestimmten Nachteilen verbunden. Zum einen kann das periodische Checkpointing die Ausführung einer VM in einem beliebigen Moment unterbrechen, also womöglich noch während der für diese Periode vorgesehenen Rechenarbeit. Im Falle von VMs mit zeitkritischen Anforderungen muss deswegen, um den Verletzungen von Deadlines vorzubeugen, die Frequenz des Checkpointings erhöht werden. Dies ist jedoch aufgrund der hohen Prozessor- und Netzwerklast oft nicht möglich und schränkt somit den Anwendungsraum stark ein. Zum anderen erweist sich der periodische Ansatz auch im Falle von sporadisch angestoßenen Tasks als nicht optimal. Hier muss die *inter-arrival* Zeit eines Tasks als die Checkpoint-Frequenz angenommen werden. Problematisch ist ebenfalls die Absicherung von aperiodischen Tasks, wo ein Kompromiss, in Form eines Erfahrungswertes für die Frequenz der Absicherung abgeleitet aus dem Expertenwissen für eine gegebene Anwendungsdomäne, eingegangen werden muss. Schließlich ist auch außerhalb von Echtzeitanwendungen der gebotene Konfigurationsraum unzureichend. Es existieren viele Anwendungen, welche von einer zustandsabhängigen Hochverfügbarkeitslösung profitieren würden. So könnte die Entscheidung einen Checkpoint durchzuführen z.B. von einem konkreten Ausführungspfad oder dem Typ einer Anfrage abhängig gemacht werden.

3 Verwandte Arbeiten

Eine der ersten Arbeiten über Fehlertoleranz mittels softwarebasierter Replikation ist die von T. C. Bressoud und F. B. Schneider [5] aus dem Jahr 1996. Den Kern der Arbeit bildet ein Protokoll zur Replikation von VMs. Dieses macht sich die Technik des *lock-stepping* auf der Instruktionsebene zunutze, um die primäre VM mit ihrer Sicherungskopie zu synchronisieren. Leider führt diese Methode, aufgrund des Ausführungsindeterminismus, zu hohen Leistungseinbußen. Es folgten weitere Arbeiten, welche den Ansatz von Bressoud ausbauten, diese hatten jedoch aus den gleichen Gründen mit erheblichem Mehraufwand zu kämpfen [6,7]. Einen gelungenen Ansatz, um den Mehraufwand zu reduzieren, stellt Remus [1] dar. Hier wird das Synchronisationsproblem unter Verwendung des periodischen Checkpointings und der spekulativen Ausführung merklich gemildert. Die Kehrseite ist jedoch, dass aufgrund des periorischen Ansatzes dabei oft unnötig viel Netzwerk- und Prozessorlast erzeugt wird. Schließlich versucht eine auf Remus aufbauende Lösung für Client-Server-Anwendungen namens COLO [2] die Netzwerklast durch die parallele Ausführung und verteilte Antwortanalyse, zur Feststellung einer Zustandsdivergenz zwischen den parallel ausgeführten VMs, zu minimieren. Diese zahlt jedoch den Preis in Form von Prozessor- und Speicherlast. Der heutige Stand der Technik bietet somit keine effiziente Lösung für die von uns in 2.1 beschriebenen Anwendungsfälle.

4   CPS-Remus

CPS-Remus erweitert die bestehende Remus-Infrastruktur um die Möglichkeit Checkpoints kontextbasiert und explizit durchführen zu lassen. Das bedeutet, dass eine VM selbst und abhängig vom Zustand den aus ihrer Sicht optimalen Zeitpunkt für eine Absicherung bestimmen kann. Technisch wird dies durch einen Eintrag der abzusichernden VM in den sog. Xenstore ermöglicht. Der Xenstore ist ein hierarchisch aufgebauter Namensraum (ähnelt dem vom Linux Kernel zur Verfügung gestellten *sysfs*) welcher in der Dom0 angesiedelt ist und von allen VMs genutzt werden kann. Des Weiteren kann jeder der Xenstore-Einträge von einer sog. *watch* überwacht werden. Ändert sich der Werte eines überwachten Eintrags wird ein Ereignis generiert und die Dom0 davon in Kenntnis gesetzt. Auf diesem Wege wird auch das Checkpointing ereignisbasiert angestoßen. Die neuen Funktionalitäten wurden in CPS-Xen [8] – unserer Ausführungsumgebung für CPS-Anwendungen mit Echtzeitanforderungen – integriert. Diese unterstützt zur Zeit drei präemptive Echtzeitscheduler (*fixed-priority, rate-monotonic, deadline-monotonic*). Der aktuelle Quellcode von CPS-Xen und CPS-Remus steht auf GitHub unter der folgenden Adresse `https://github.com/cpsxen/cps-xen` zur Verfügung.

5   Versuchsaufbau

Unsere Experimente wurden auf den Dell PowerEdge R620 Maschinen mit jeweils zwei 8-Kern Intel Xeon E5-2650v2 Prozessoren, welche mit einer konstanten Taktfrequenz von 2,6 GHz arbeiten, durchgeführt. Jedes System verfügt über zwei integrierte Intel I350 1 Gbit Ethernet Netzwerkkarten. In der Domäne 0 kam das Betriebssystem Ubuntu Server 14 (64-Bit Version, paravirtualisierter Kernel 3.13) zum Einsatz. Den Gastsystemen hingegen lag eine für die Cloud

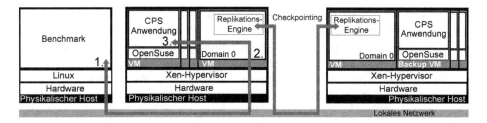

Abb. 2. Versuchsaufbau, Kommunikationspfade und Messstellen für die Latenzbestimmung

angepasste, minimale OpenSUSE 13.2 Variante zugrunde. OpenSUSE ist zur Zeit das einzige paravirtualisierte Betriebsystem welches das Feature *"suspend event channel"* implementiert und somit ein schnelles Suspendieren/Fortsetzen (unter einer Millisekunde) von VMs ermöglicht. Zum Vergleich, im Falle eines nicht modifizierten Gastsystems benötigt Remus für diese Operation 10 ms. Als Hypervisor wurde die CPS-Xen Plattform – basierend auf der Xen 4.5 Version – genutzt. Abbildung 2 zeigt die Architektur des Versuchsaufbaus.

5.1   Messstellen

Anhand der Abbildung 2 sollen zugleich die unterschiedlichen Messstellen für die gemessenen Verzögerungszeiten dargestellt und die Kommunikationspfade veranschaulicht werden. Für die Durchführung unserer Experimente haben wir einen auf dem UDP-Protokoll basierenden Client-Server Benchmark implementiert. Der Client wird auf einem externen Rechner ausgeführt und generiert Anfragen für den sich in einer VM befindlichen Server (CPS-Anwendung). In den Experimenten wurden drei unterschiedliche Verzögerungszeiten gemessen. Die Erste beschreibt die Umlaufzeit (U) einer Anfrage und wird auf dem Rechner erfasst auf dem der Benchmark-Client ausgeführt wird. Der zweite Latenztyp wird in der Domäne 0 gemessen und denotiert die Systemantwortzeit (S). Diese definieren wir als das Zeitintervall zwischen dem Zeitpunkt, an dem das Netzwerkpaket, welches die Anfrage beinhaltet, am unteren Ende des TCP/IP-Stacks ankommt und dem Zeitpunkt, an dem das Netzwerkpaket mit der zugehörigen Antwort an die Netzwerkkarte zum Versenden übermittelt wird. Diese Messungen wurden mittels Systemtap [9] erhoben indem Logging-Prozeduren in die Kernelfunktionen der zweiten Schicht des Linux TCP-IP-Stacks eingehängt worden sind. Schließlich wird in der VM die Ausführungszeit (A) der CPS-Anwendung erfasst. Dafür wurde von uns das von Intel empfohlene Verfahren [10] für die zyklengenaue Messung von Codeausfuhrungszeiten implementiert.

5.2   Zeitliche Anforderungen und Einrichtung

Die zeitlichen Anforderungen für Anwendungen aus der Domäne der cyberphysischen Energiesysteme werden unter anderem in der IEC 61850 Norm [11] beschrieben. In den zu dieser Norm gehörenden Dokumenten wird zwischen drei Typen von Nachrichten unterschieden. Die ersten beiden Arten werden für die Übertragung schneller Abtastwerte sowie Schaltbefehle genutzt und setzen direkt auf dem Ethernet-Protokoll auf. Den dritten Typ stellen die sog. *Manufacturing Messaging Specification* (MMS) Nachrichten dar. Diese dienen dem Austausch von Daten zwischen elektrotechnischen Schutz- und Überwachungsanwendungen und verwenden das TCP/IP-Protokoll als Kommunikationsbasis. Die Antwortzeiten für diese Anwendungen dürfen laut Spezifikation keine 100 ms überschreiten. In den nachfolgenden Experimenten untersuchen wir die Möglichkeit diese Anwendungen unter Verwendung von CPS-Xen hochverfügbar abzusichern. Zu diesem Zweck haben wir drei VMs mit unterschiedlichen Parametern vorbereitet:

VMs	Periode	WCET
VM_1	20 ms	4,5 ms
VM_2	50 ms	9,0 ms
VM_3	100 ms	10.0 - 41,9 ms

Tabelle 1. VM-Typen und deren Parameter

Die WCET der letzten VM variiert in Abhängigkeit vom Experiment aufgrund der notwendigen Anpassung der Systemlast in den Skalierebarkeitsexperimenten. Es sollte zudem erwähnt werden, dass es sich im Falle der angegebenen WCET-Zeiten nicht um analytisch errechnete Werte, sondern um tatsächlich gemessene maximale Ausführungszeiten handelt. Um diese zu erhalten wurde jede VM auf einem dedizierten Kern isoliert und 10.000 Mal ausgeführt. Der maximale Wert wurde auf eine hundertstel Millisekunde aufgerundet. Da in der Domäne der Energiesysteme die Anwendungen stets und streng von periodischen Sensorwerten abhängen, wurden die VMs unter dem *rate-mononotnic* Verfahren gescheduled. Bewiesenermaßen arbeitet das Verfahren unter diesen Annahmen optimal [12].

6   Evaluation

Im ersten Experiment sollen sowohl die grundlegenden Eigenschaften der unterschiedlichen Konfigurationsvarianten veranschaulicht sowie deren zeitliche Charakteristiken untersucht werden. Dabei wurden die Latenzen für eine und dieselbe virtualisierte CPS-Anwendung (WCET 4,5 ms, Periode 100 ms) unter allen vier Konfigurationsvarianten gemessen. Die Checkpoint-Frequenz für die periodische Variante liegt ebenfalls bei 100 ms. Die Ergebnisse sind grafisch in Abbildung 3 dargestellt. Abb. 3a) zeigt die Systemantwortzeiten für das ereignisbasierte und periodische Checkpointing ohne Netzwerkpufferung – Antwortpakete werden verschickt ohne auf die Quittierung des Backup-Servers zu warten. Im Falle des ereignisbasierten Ansatzes liegt die maximale Latenz bei 4,86 ms, die minimale bei 4,396 ms. Die Differenz der beiden Schranken ergibt eine Streuung von 0,284 ms. Im Falle des periodischen Ansatzes beträgt das Maximum

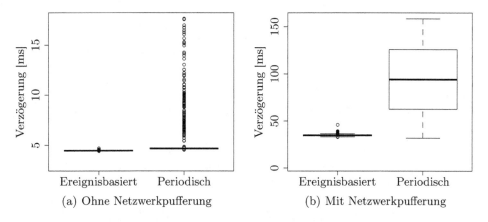

(a) Ohne Netzwerkpufferung   (b) Mit Netzwerkpufferung

Abb. 3. Systemantwortszeiten für die hochverfügbar abgesicherte CPS-Anwendung

17,64 ms, das Minimum 4,51 ms und somit die Streuung 13,13 ms. Die großen Unterschiede sind auf die Unterbrechung der Ausführung – im Falle der periodischen Variante – durch den Checkpointprozess zurückzuführen. Die Abb. 3b) präsentiert die VM-Systemantwortzeiten mit eingeschalteter Paketpufferung. Im Falle der ereignisbasierten Variante beträgt die maximale Verzögerung 45,90 ms, die minimale 32,99 ms. Diese Zeiten ergeben sich unter anderem aus den folgenden Faktoren: Der WCET, dem Checkpointprozess, der Paketverarbeitung im System und schließlich der Zeit für die Übertragung des erstellten Checkpoints über das Netzwerk. Wir überprüften, dass im Falle von OpenSuse das System (bzw. die Systemthreads) im Leerlauf (ohne Anwenderprogramme) zwischen 500 und 687 Speicherseiten innerhalb von 100 ms beschreiben. Das ergibt im ungünstigsten Fall 2.81 MB an Daten die jedes Mal zu einem Checkpoint zusammengefasst und über das Netzwerk übertragen werden müssen. In der Praxis ergibt dies – beim eingesetzten 1 Gbit-Netzwerk – eine Übertragungsverzögerung von knapp 25 ms. Bei dem periodischen Verfahren wurde eine maximale Verzögerung von 158,51 ms und eine minimale von 31,80 ms erfasst. Die zwischen den beiden Varianten über 100 ms liegende Differenz ergibt sich aus der Ausführungsunterbrechung (siehe Abb. 3a)) und der Periodendauer für das Checkpointing. Im ungünstigsten Fall wird bei der periodischen Variante die Ausführung kurz nach der Durchführung des letzten Checkpoints abgeschlossen und das Antwortpaket muss für die nächste gesamte Periode zwischengepuffert werden. Zusätzlich muss dann noch die Übertragung des aktuellen Checkpoints abgewartet werden. Erst dann kann das Paket freigegeben werden. Hingegen im Falle des ereignisbasierten Ansatzes wird das Checkpointing explizit durch die VM nach ihrer Berechnung angestoßen und die beschriebene zusätzliche Verzögerung kann nicht eintreten.

Im zweiten Experiment haben wir uns der Frage der Skalierbarkeit unseres Ansatzes gewidmet. Dazu wurden die drei VMs (siehe Tabelle 1) auf dem gleichen Prozessorkern instantiiert und für unterschiedliche Systemauslastungen

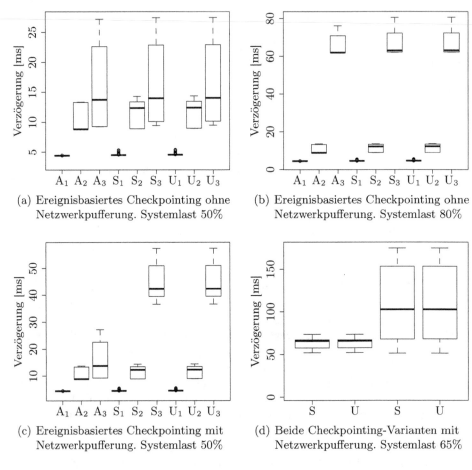

(a) Ereignisbasiertes Checkpointing ohne Netzwerkpufferung. Systemlast 50%

(b) Ereignisbasiertes Checkpointing ohne Netzwerkpufferung. Systemlast 80%

(c) Ereignisbasiertes Checkpointing mit Netzwerkpufferung. Systemlast 50%

(d) Beide Checkpointing-Varianten mit Netzwerkpufferung. Systemlast 65%

Abb. 4. Ausführungszeiten (A), Systemantwortzeiten (S) und Umlaufzeiten (U) der virtualisierten CPS-Anwendungen

evaluiert, wobei jeweils nur die VM_3 hochverfügbar abgesichert wurde. Konform mit der IEC 61850 Norm sind VM_1 und VM_2 höher als VM_3 priorisiert – diese soll eine auf den MMS-Nachrichten basierende Anwendung repräsentieren. Die Abbildungen 4a) und 4b) zeigen alle gemessenen Latenzen (die Tatsache, dass Latenzen an unterschiedlichen Stellen sowohl im als auch außerhalb des Systems gemessen wurden, ermöglicht eine zusätzliche Validierung dieser) für die Experimente mit jeweils 50% und 80% Systemauslastung in einem Szenario ohne Paketpufferung. Die Systemlast wurde dabei durch die Änderung der Ausführungsdauer von VM_3 angehoben von 4,5 ms in a) bis 41,9 ms in b). Aufgrund des Schedulingverfahrens wurden die Deadlines gleich den Perioden der die Berechnungen anstoßenden Pakete angenommen. Wie den beiden Abbildungen zu entnehmen ist, wurde in keinem der Experimente eine einzige Deadline verletzt.

In Wirklichkeit lagen die Systemantwortzeit in a) sogar bei nur: $VM_1=5,32$ ms, $VM_2=14,29$ ms, $VM_3=27,41$ ms und in b) bei: $VM_1=5,36$ ms, $VM_2=13,63$ ms und $VM_3=80,53$ ms. Die Differenz zwischen der minimalen und maximalen gemessenen Verzögerung beträgt jeweils in: a) $VM_1=0,87$ ms, $VM_2=5,40$ ms, $VM_3=17,98$ ms und in: b) $VM_1=0,90$ ms, $VM_2=4,75$ ms, $VM_3=18,48$ ms. Das Verfahren skaliert somit gut mit der steigenden Systemauslastung und der Anzahl an instantiierten VMs. Zusätzlich scheint die Tatsache, dass VM_3 hochverfügbar abgesichert worden ist, keinen negativen Einfluss auf die Antwortzeiten zu haben.

In den beiden letzten Versuchen wurden die Skalierbarkeitsexperimente mit eingeschalteter Paketpufferung wiederholt. Aufgrund der zusätzlichen Verzögerung für das Übertragen des Checkpoints wurde das zweite Experiment jedoch mit einer Systemauslastung von 65% durchgeführt. Wie in den zuvor durchgeführten Versuchen wurden bei unserer ereignisbasierten Variante keine Deadlines verletzt und die maximale Latenzstreuung der Systemantwortzeiten für VM_3 lag in c) bei 20,75 ms und in d) bei 29,77 ms. In Abb. 4d) wurden abschließend zum Vergleich die VM_3-Verzögerungszeiten für die ereignisbasierte (beide linke Boxplots) und die periodische (beide rechte Boxplots) Varianten gegenüber gestellt. Die Checkpointperiode bei der periodischen Variante wurde gleich der Deadline für VM_3 gesetzt, also auf 100 ms.

7   Formale Leistungsbewertung

Ermutigt durch die Evaluationsergebnisse untersuchten wir abschließend, ob eine Planbarkeitsanalyse für hochverfügbar abgesicherte VMs mit Echtzeitanforderungen möglich ist, d.h., ob im Bezug auf die Antwortzeiten Garantien, für belastbare und im mathematischen Sinne korrekte Schranken, ausgesprochen werden können.

Um obere Schranken für die Antwortzeiten von hochverfügbar abgesicherten VMs berechnen zu können, wurde die vorgestellte Architektur unter Verwendung der Algorithmen der klassischen Scheduling-Theorie modelliert. Den Ausgangspunkt der Modellierung bildet die bekannte Formel von Joseph und Pandya [13] für die Berechnung einer Worst-Case-Antwortzeit eines Tasks. Aus Platzgründen sind wir leider gezwungen auf die Details der Berechnungen und der Modellierung zu verzichten, wollen jedoch kurz auf die Ergebnisse eingehen. Unter der Annahme der Werte aus Tabelle 1 haben wir die folgenden oberen Ausführungsschranken errechnet: $VM_1=4,5$ ms, $VM_2=13,5$ ms und $VM_3=28,0$ ms bzw. $VM_3=77,9$ ms. Tatsächlich lagen alle gemessen VM-Ausführungszeiten unter den errechneten Schranken. Leider ließ sich ähnliches nicht für die Systemantwortzeiten nachweisen. Die aktuelle Kommunikationsinfrastruktur arbeitet dafür noch zu indeterministisch. In welchem Maße sich diese echtzeitfähiger gestalten lässt, bleibt zu untersuchen.

8 Fazit

Die Evaluation des vorgestellten Ansatzes von CPS-Remus für eine ereignisbasierte Hochverfügbarkeitslösung hat gezeigt, dass dieser sich für die Absicherung von Anwendungen mit weichen Echtzeitanforderungen eignet. In keinem der beschriebenen Experimente wurde eine Deadline verletzt, die maximal gemessenen Verzögerungszeiten lagen um ein Vielfaches unter den gestellten zeitlichen Anforderungen. Dieses positive Verhalten blieb auch unter einer steigenden Systemlast erhalten. Des Weiteren erweitert CPS-Remus den Konfigurationsraum für Fehlertoleranzlösungen. Unter Verwendung von CPS-Remus lassen sich neue, mit dem aktuellen Stand der Technik nicht realisierbare, Anwendungsfälle verwirklichen. Zudem – im Vergleich zu der periodischen Variante – weist der Ansatz eine deutliche Verbesserung der nichtfunktionalen Eigenschaften auf. Eine Planbarkeitsanalyse unter Verwendung von formalen Leistungsbewertungsmethoden stellte sich jedoch, aufgrund des indeterministischen Verhaltens der Kommunikationsinfrastruktur, als nicht durchführbar heraus.

Literaturverzeichnis

1. Brendan Cully, Geoffrey Lefebvre, Dutch Meyer, Mike Feeley, Norm Hutchinson, and Andrew Warfield. Remus: High availability via asynchronous virtual machine replication. In Proc. NSDI, 2008.
2. YaoZu Dong, Wei Ye, YunHong Jiang, Ian Pratt, ShiQing Ma, Jian Li, and HaiBing Guan. 2013. COLO: COarse-grained LOckstepping virtual machines for non-stop service. SOCC '13. ACM, New York, NY, USA.
3. P. Barham, B. Dragovic, K. Fraser, S. Hand, T. Harris, A. Ho, R. Neugebauer, I. Pratt, and A. Warfield. Xen and the art of virtualization. SIGOPS, Oct.2003.
4. Christopher Clark et al. Live migration of virtual machines. NSDI'05, USENIX Association, Berkeley, CA, USA, 273-286.
5. T. C. Bressoud and F. B. Schneider. Hypervisorbased fault tolerance. ACM Transactions on Computer Systems (TOCS), 14(1):80-107, 1996.
6. C. M. Jeffery and R. J. Figueiredo. A flexible approach to improving system reliability with virtual lockstep. Dependable and Secure Computing, IEEE Transactions on, 9(1):2-15, 2012.
7. H. P. Reiser and R. Kapitza. Hypervisor-based efficient proactive recovery. In Reliable Distributed Systems, 2007. SRDS 2007. 26th IEEE International Symposium on, pages 83-92. IEEE, 2007.
8. B. Jablkowski and O. Spinczyk. CPS-Xen: A virtual execution environment for cyber-physical applications. ARCS'15, Porto, 2015. Springer-Verlag.
9. V. Prasad, W. Cohen, F. Eigler, M. Hunt, J. Keniston, and J. Chen. Locating system problems using dynamic instrumentation. Linux Symposium, July 2005.
10. Gabriele Paoloni. How to Benchmark Code Execution Times on Intel IA-32 and IA-64 Instruction Set Architectures. Intel White Paper, 2010.
11. IEC TC57: IEC 61850: Communication networks and systems for power utility automation
12. C.L. Liu, J.W. Layland: Scheduling algorithms for multiprogramming in a hardrealtime environment. J. ACM 20(1), 46–61 (1973)
13. Mathai Joseph and Paritosh Pandya, 'Finding Response Times in a Real-Time System', Comput. J. 29 , no. 5 (1986): 390-395.

Ein hierarchisches Scheduling-Modell für unbekannte Anwendungen mit schwankenden Ressourcenanforderungen

Vladimir Nikolov[1], Franz J. Hauck[2] und Lutz Schubert[1]

[1] Institut für Organisation und Management von Informationssystemen
Universität Ulm, 89069 Ulm
vladimir.nikolov@uni-ulm.de
lutz.schubert@uni-ulm.de
[2] Institut für Verteilte Systeme
Universität Ulm, 89069 Ulm
franz.hauck@uni-ulm.de

Zusammenfassung. Die Ausführbarkeitsanalyse in Echtzeitsystemen wird extrem komplex bis unmöglich, wenn der Ressourcenbedarf von Anwendungen nicht a priori bekannt ist, von Umgebungsbedingungen abhängt oder wenn Anwendungen dynamisch zu- und abgeschaltet werden sollen. Als Lösungsansatz für weiche Echtzeitsysteme präsentieren wir ein dreistufiges hierarchisches Scheduling-Modell. In jeder Stufe werden Anforderungen mit tatsächlichen Kosten verglichen und notwendige Rekonfigurationen wie bei einer kaskadierten Regelung an die nächste Stufe weitergereicht. Auf oberster Ebene wird trotz beschränkter Ressourcen dynamisch ein optimaler Betriebsmodus für jede Anwendung eingestellt. Dieser wird nur dann verändert, wenn die Vorhersagen der Kosten nicht mehr zutreffen. Anhand unserer RTSJ-basierten Implementierung zeigen wir die Stabilität unseres Modells selbst bei Aktivitäten mit zyklisch schwankenden Anforderungen.

1 Einführung

Weiche Echtzeitsysteme finden einen immer breiteren Einsatz in industriellen Lösungen und Produkten, dort wo Informationen eher zeitnah als rechtzeitig verarbeitet und bereitgestellt werden müssen. Beispiele dafür existieren in diversen Branchen, z.B. in Fahrzeugen, die neben ihren zeit- und sicherheitskritischen Funktionen zu autarken multimedialen Systemen geworden sind, oder bei mobilen Geräten wie Smartphones, die kontinuierlich mit ihrer Umwelt (z.B. intelligenten Häusern, Städten usw.) interagieren und kollaborieren. Mit der zunehmenden Rechenleistung eingebetteter Geräte werden darauf tendenziell auch immer mehr Funktionen und Anwendungen dynamisch bereitgestellt und konkurrierend ausgeführt. Ein dynamisch erweiterbarer Funktionsumfang verlangt jedoch nach adaptiven Mechanismen für Ressourcenkontrolle und Admission in den Geräten. Hinzu kommt die Schwierigkeit der exakten Abschätzung der Anwendungsanforderungen nicht zuletzt aufgrund der Vielfalt der möglichen Ausführungsplattformen. Unterliegen Anwendungsaktivitäten zeitlichen Fristen, so

muss nun dynamisch überprüft werden, ob Ressourcen für ihre fehlerfreie Ausführung garantiert werden können.

Echtzeitsysteme, die mit einer solchen Dynamik umgehen können, sind schwer
bezüglich ihrer Planbarkeit zu analysieren. Wir stellen ein adaptives hierarchisches Scheduling-Modell vor, das mit einer dynamischen Menge von unbekannten
Applikationen mit schwankenden Ressourcenanforderungen umgehen kann. Auf
seiner untersten Ebene stellt der Scheduler die korrekte Ausführung von Anwen-
dungsaufgaben (Tasks) auf der Basis von Online-Schätzungen ihrer Verbräuche
sicher. Auf einer höheren Ebene werden Anwendungen voneinander isoliert, während der Scheduler laufend die ihnen zugewiesenen Kapazitäten kalibriert und
die anwendungslokale Planbarkeit überprüft. Im Falle von Ressourcenengpässen
kommt eine optimale Strategie zur kontrollierten Degradierung zum Einsatz,
bei der Anwendungen gezielt in unterschiedliche Qualitätsstufen (Betriebsmodi)
geschaltet werden. Mit diesem Scheduling-Modell wird das Problem des Planbar-
keitsnachweises in einem System zeitlich und räumlich verteilt. Planbarkeitstests
werden partiell und nur dort ausgeführt, wo dies notwendig ist. Unser Modell
stellt die Planbarkeit eines Systems solange sicher, bis die Kostenschätzungen
einzelner Aufgaben dynamisch angepasste Puffer verletzen. Nur dann wird eine
neue Konfiguration von Qualität und Kapazitäten der einzelnen Anwendungen
berechnet. Darüber hinaus werden periodische Ressourcenschwankungen automatisch erfasst, womit zyklische Rekonfigurationen des Systems vermieden werden. Freie Ressourcen, z.B. durch Überprovisionierung der Task-Kosten, werden
automatisch den Mehrverbrauchern im System verfügbar gemacht.

Zunächst werden wir das Anwendungsmodell und das Scheduling-Modell unseres Ansatzes vorstellen. Schließlich behandeln wir unsere Implementierung der
Modelle in Java und dessen Evaluation bevor wir mit einem Fazit schließen.[1]

2   Anwendungsmodell

Unser Modell impliziert eine dynamische Menge von n konkurrierenden Anwendungen A_i mit $i \in \{1..n\}$. Für jede Applikation A_i existieren Betriebsmodi
$M_{i,j} \in \mathcal{M}_i$ mit $j \in \{1..m_i\}$, die dynamisch umgeschaltet werden können. Jede
Applikation besteht ferner aus einer Menge von k multimodalen Tasks $\tau_{i,k} \in \mathcal{T}_i$.
Je nach Betriebsmodus M_j haben die Tasks unterschiedliche Konfigurationen
für ihre Periode[2] $T_{i,k,j}$, ihre Fristen $D_{i,k,j}$ und ihre geschätzten Kosten $C_{i,k,j}$.
Ein Applikationsmodus manifestiert sich damit als Konfiguration von bestimm-
ten Task-Modi und ihrer kumulativen Rechenzeitanforderung $R_{i,j}$. Ein höhe-
rer Modus besitzt generell eine höhere Anforderung, liefert jedoch eine bessere
Qualität, z.B. eine bessere Videoauflösung. Die Qualität wird formalisiert durch
anwendungsspezifische Utility-Funktionen $u_i(M_{i,j})$, die durch die Anwendungsentwickler bereitgestellt werden. Jede Applikation A_i besitzt ferner einen Modus

---

[1] Diese Arbeit wurde von der DFG unter Geschäftszeichen HA 2207/8-1 und vom
   BMBF unter Geschäftszeichen 01/H13003 (MyThOS) gefördert.

[2] Aperiodische Tasks können durch Kapselung in Servern (z.B. Deferrable Server [15])
   gleichermaßen bedient werden.

$M_{i,0}$ mit $R_{i,0} = u_i(M_{i,0}) = 0$, in dem sie temporär gestoppt ist. Ein solcher Modus garantiert die Existenz einer optimalen Ressourcenverteilung. Anwendungen können mit Prioritäten a_i gewichtet werden, so dass höher-priore Anwendungen mehr Ressourcen bekommen als nieder-priore.

Um die Planbarkeit der Taskmenge aller Applikationen nachzuweisen, aber auch eine optimale Konfiguration der Modi auszuwählen, wären im Normalfall $|\mathcal{M}_1| \times |\mathcal{M}_2| \times \ldots \times |\mathcal{M}_n|$ Planbarkeitstests notwendig. Bei einem solchen Aufwand ist die entscheidende Frage für ein reales System, wann und wie oft sollen die Tests vollzogen werden? Tests bei jeder Änderung der Kostenschätzungen würden einen hohen Overhead im System erzeugen und auch ständig die aktuelle Modi-Konfiguration verändern. Wir gehen jedoch davon aus, daß Rekonfigurationen der Anwendungsmodi mit zusätzlichen Kosten verbunden sind und darum so selten wie möglich angestoßen werden sollen.

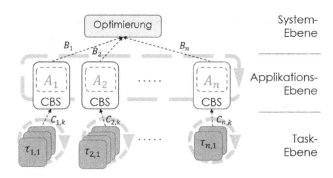

Abb. 1. Hierarchisches Scheduling-Modell

3   Scheduling-Modell

Unser dreistufiges hierarchisches Scheduling-Modell folgt den Abstraktionen von Tasks, Applikationen und Modi (Abb. 1) und ermöglicht, dass 1.) Planbarkeitstests zeitlich verteilt werden, 2.) sie nur dort durchgeführt werden, wo es notwendig ist, und 3.) eine optimale Konfiguration der Ressourcenverbräuche und Qualität der Anwendungen eingestellt wird, solange die Kostenschätzungen hinreichend zutreffend sind.

3.1   Mechanismen auf der Task-Ebene

Auf der Task-Ebene aktivieren applikationslokale Task-Scheduler die Anwendungstasks mit Earliest Deadline First (EDF), überwachen ihre laufenden Kosten und approximieren ihr Verhalten. EDF wurde gewählt, da auch bei hoher

Auslastung ein gültiger Ablaufplan generiert bzw. die Planbarkeit einer Task-Menge überprüft werden kann. Die gemessenen Taskkosten pro Periode und Modus werden exponentiell geglättet ($c'_{i,k}$). Über ein Fenster der letzten ermittelten Kosten wird die Standardabweichung σ gebildet, als jitter-abhängiger Sicherheitspuffer (SB) die doppelte Standardabweichung verwendet (Abb. 2a). Somit ist die Kostenschätzung einer Task $C_{i,k} = c'_{i,k} + 2 \cdot \sigma$. Wir verwenden die untere Grenze des Puffers $c'_{i,k} - 2 \cdot \sigma$ bei Unterschreiten als Hinweis für eine konstante Überprovisionierung der Kosten. Die Schätzungen und die SB werden initialisiert, wenn Task-Modi aktiviert werden, und nur dann aktualisiert, wenn die mittleren Taskkosten $c'_{i,k}$ die Puffer verletzen (Abb. 2). Die Puffer dienen der Detektion und Reaktion auf Abweichungen von einem stabilen approximierten Zustand. Sie werden im Normalfall ratenbasiert nach Vorgaben aus der Anwendungsebene überprüft und aktualisiert. Im Falle von Fristverletzungen erfolgt jedoch eine sofortige Überprüfung, um die Approximationsgüte der Tasks zu verbessern (siehe Kap. 4.1). Die Kostenschätzungen der Tasks $C_{i,k}$ werden im Modell nach oben an einen Applikations-Scheduler weitergereicht (Abb. 1), das Task-Verhalten also innerhalb der Approximationsgrenzen abstrahiert.

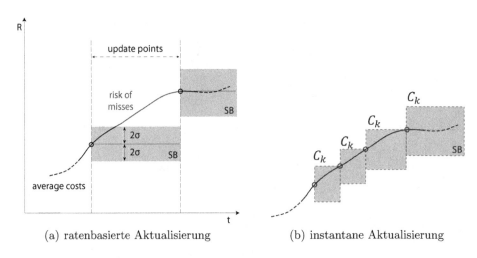

(a) ratenbasierte Aktualisierung   (b) instantane Aktualisierung

Abb. 2. Aktualisierung eines Sicherheitspuffers

3.2   Mechanismen auf der Anwendungsebene

Jede Applikation wird durch einen separaten Constant Bandwidth Server (CBS) [4] gekapselt, der ihren Ressourcenverbrauch isoliert und eine bestimmte Kapazität durchsetzt. Ein CBS wird durch eine Ressourcenbandbreite $B_{i,j} = R_{i,j}/P_{i,j}$ definiert, also durch eine Rechenzeitkapazität $R_{i,j}$ pro Serverperiode $P_{i,j}$. Die CBS werden durch einen Applikations-Scheduler entsprechend ihrer Fristen $D_{i,j} = P_{i,j}$ und Bandbreiten $B_{i,j}$ mit EDF aktiviert. In unserem Modell stellen wir zunächst $P_{i,j}$ gleich der Hyperperiode der Applikationstasks ein, da bei hoher Systemauslastung die lokale Planbarkeit schlimmstenfalls für diese nachgewiesen werden muss. Zu Beginn seiner Periode prüft also ein CBS, ob die laufenden Kosten der mit seiner Bandbreite bedienten Tasks $\mathcal{T}_i$ ihre Approximationsgrenzen verletzen. Wenn ja, wird eine neue Kapazität $R_{i,j}$ berechnet, die für die fehlerfreie Task-Aktivierung innerhalb $P_{i,j}$ benötigt wird (siehe Kap. 3.3). Dabei wird auch die Serverbandbreite $B_{i,j} = R_{i,j}/P_{i,j}$ aktualisiert. Somit werden die notwendige Kapazität und die Planbarkeit der Tasks in einem Schritt mit den aktuellsten Schätzungen bestimmt. Die sich daraus ergebenden Serverbandbreiten aller Anwendungsmodi werden dann für die Berechnung einer optimalen Qualität des Gesamtsystems verwendet.

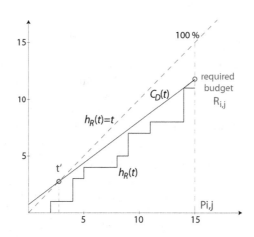

Abb. 3. Beispiel für eine Kapazitätsberechnung

3.3 Applikationslokale Planbarkeitsanalyse

Die applikationslokale Planbarkeitsanalyse soll die notwendige Kapazität $R_{i,j}$ eines CBS ermitteln, die für die Aktivierung der Applikationstasks notwendig ist. Unser Algorithmus verwendet Baruahs Approximationsverfahren [6] der Rechenzeitanforderungsfunktion (DBF) $h_R(t) = \sum_k (1 + \lfloor \frac{t-D_{i,k}}{T_{i,k}} \rfloor) \cdot C_{i,k}$ der Tasks mit einer Tangente $C_D(t)$. Die benötigte Kapazität ergibt sich aus dem Schnittpunkt der Tangente mit der Hyperperiode der Tasks (siehe Abb. 3).

$U_i = \sum_k C_{i,k}/T_{i,k}$ gibt die partielle CPU-Auslastung durch die Tasks der Applikation A_i an. Dabei entsprechen $C_{i,k}$ den aktuellen Schätzungen der Taskkosten. Die Kapazität $R_{i,j}$ des Servers ergibt sich durch Einsetzen der Serverperiode (Hyperperiode) $P_{i,j}$ in der Gleichung der Approximationstangente $C_D(t) = t \cdot U_i + U_i \cdot max(T_{i,k} - D_{i,k})$, also ist $R_{i,j} = C_D(P_{i,j})$. Nach [6] muss der Planbarkeitstest $h_R(t) \le t$ nur für die Zeitpunkte der Task-Deadlines bis zum Punkt

$t' = U_i/(1 - U_i) \cdot max(T_{i,k} - D_{i,k})$ oder $P_{i,j}$ durchgeführt werden. Wenn also für diese Punkte $h_R(t) \leq t$ gilt, dann ist die Taskmenge planbar und der Geradenschnittpunkt mit $P_{i,j}$ ergibt den notwendigen Rechenzeitanteil pro Serverperiode. Da für EDF nachgewiesen ist, dass sich die Aktivierung der Tasks in jeder Hyperperiode wiederholt, ist dieser Test zunächst ausreichend. Abb. 3 zeigt ein Beispiel für zwei Tasks $\tau_{i,k} = (T_{i,k}, C_{i,k}, D_{i,k})$ mit $\tau_{i,1} = (5, 2, 4)$ und $\tau_{i,2} = (3, 1, 2)$, Serverkapazität $R_{i,j} = 11.73$, $t' = 2.75$ und $B_{i,j} = 0,78$. Aktuell arbeiten wir an einer Verbesserung der stationären Planbarkeitstests durch den Approximationsalgorithmus von Albers und Slomka [5] und ebenso an einer optimalen Konfiguration der CBS-Perioden.

3.4   Optimierung der Betriebsmodi

Wenn durch die Kapazitätsaufstockung eines Servers das System überlastet wird, d.h. $\sum_{i=1}^{n} B_{i,j} > 1$, berechnet eine Optimierungskomponente (Abb. 1) eine neue Konfiguration der Anwendungsmodi. Dabei können Anwendungen auch temporär deaktiviert werden, es findet also eine dynamische Admissionskontrolle statt. Die Optimierung selektiert die Anwendungsmodi $M_{1,j_1}, M_{2,j_2}, ..., M_{n,j_n}$, die den Nutzen des Systems maximieren $\sum_{i=1}^{n} a_i \cdot u_i(M_{i,j_i})$, unter der Bedingung einer maximalen Ressourcenkapazität $\sum_{i=1}^{n} B_{i,j_i} \leq R$. Dieses Problem wird online mit einem Rucksackalgorithmus und dynamischer Programmierung gelöst. Der Algorithmus findet sich in [12] und in [13] auch als Pseudocode.

Unsere Evaluation in [13] ergab, dass die Laufzeit der Lösung abhängig ist von der Anzahl der Applikationen n, ihrer Applikationsmodi $|\mathcal{M}_i|$ und der Menge an Integer-Schritte $|R|$ für eine bestimmte Ressourcenauflösung. Wenn die Definitionsbereiche dieser Werte klein bleiben, läuft der Algorithmus mit pseudopolynomieller Komplexität und skaliert linear in jeder Dimension. Als Rechenzeitaufwand für $R = 128$, 10 Applikationen mit jeweils 5 Modi benötigte der Algorithmus auf einem Dual-Core 2x1.4 GHz Intel Prozessor ca. 0,17 ms. Der Anstieg der Komplexität für unterschiedliche Werte wurde in [13] evaluiert.

4   Implementierung und Evaluation

Unseren Ansatz haben wir basierend auf Echtzeit-Java (RTSJ [3]) mit der JamaicaVM sowie OSGi [14] implementiert und ARTOS genannt [1]. In unseren Experimenten werden neue Applikationen zunächst mit einer niedrigen Priorität gestartet und initial ausgemessen. Dadurch entstehen erste Bandbreiten-Werte für alle Anwendungsmodi, welche bei späterer Aktivierung verfeinert werden.

Wir konnten zeigen, dass 1.) das System schnell eine optimale Selektion von Modi entsprechend den Anwendungsprioritäten etabliert, 2.) es planbar bleibt solange Tasks approximiert sind, 3.) Fristverletzungen nur dann auftreten, wenn die Tasks ihre Sicherheitspuffer verletzen, 4.) Planbarkeitstests nur dann gemacht werden, wenn Vorhersagen nicht mehr aktuell sind, 5.) die kontrollierte Degradierung das Auftreten von Fristverletzungen reduziert und 6.) zyklische Überlast von Tasks automatisch durch die Sicherheitspuffer erfasst werden.

4.1 Zyklisch schwankende Anforderungen

Zur Evaluation unseres Modells haben wir künstliche Anwendungen entwickelt, die gezielt Last im System erzeugen, d.h. ihre Tasks verbrauchen eine konfigurierbare Menge an Ressourcen pro Periode. Auf dieser Weise lassen sich Szenarien abspielen, bei denen Tasks und Applikation ein bestimmtes Burst- und Jitter-Verhalten aufweisen. Damit soll analysiert werden, wie oft und aufgrund welcher Faktoren Rekonfigurationen oder Fristverletzungen im System auftreten. Das Verhalten der Tasks kann also über die gängigen Perioden T, Fristen D und Kosten C hinaus mit den folgenden zusätzlichen Parametern eingestellt werden:

- C_{nom}, C_{max}: nominale und maximale Kosten der Task (CPU-Zeit in ms)
- B_{prd}, B_{dur}: die Periode und die Dauer von Bursts (in Task-Perioden)
- J_{wnd}: Jitter-Fenster der Kosten in Prozent um die vorgegebenen C_{nom}, C_{max}

Interessant dabei ist speziell das Verhalten des Systems bei periodisch auftretenden Bursts. Um den Rekonfigurationsoverhead zu minimieren, müssen zyklische Umschaltungen der Anwendungsmodi möglichst vermieden werden. Abb. 4 zeigt die Aktivierung einer Task τ mit den folgenden Vorgaben:

$$\tau = (T = 300,\ C_{nom} = 50,\ C_{max} = 90,\ D = 200,\ B_{prd} = 20,\ B_{dur} = 10,\ J_{wnd} = 20).$$

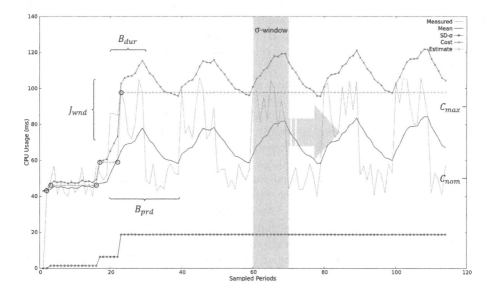

Abb. 4. Periodisch burstende Anwendung in ARTOS

Die Taskkosten steigen alle 20 Perioden auf den Wert von C_{max} [3] für eine Dauer von 10 Perioden bis sie schließlich wieder auf C_{nom} abfallen. Das Jitter-Fenster von 20% bezieht sich auf den jeweiligen aktuellen Vorgabewert C_{nom} oder C_{max}. In Abb. 4 sind die gemessenen realen Task-Kosten (Measured) dargestellt, sowie ihr exponentiell geglätteter Mittelwert c'_k (Mean), die aktuelle Standardabweichung σ (SD-σ), die sich daraus ergebenden laufenden Kostenschätzungen (Cost) $= c'_k + 2 \cdot \sigma$ und die dynamische Obergrenze des Sicherheitspuffers (Estimate), welche als aktuelle Kostenschätzung $C_{i,k}$ der Task im System verwendet wird. Der Einfachheit halber wurde die untere Schranke des Sicherheitspuffers $c'_k - 2 \cdot \sigma$ nicht in die Darstellung einbezogen. Das Ziel dieses Experiments ist es zu ermitteln, wie oft die Kostenschätzungen (Estimate) aufgrund des periodischen Burst-Verhaltens der Task aktualisiert werden und wo potentielle Gefahren für Fristverletzungen entstehen.

Die Auswirkung der Parameterisierung der Task mit B_{prd}, B_{dur} und J_{wnd} ist in Abb. 4 gut zu beobachten. Die gemessenen Kosten (Measured) schwanken zufällig jeweils um $C_{nom} = 50$ und $C_{max} = 90$ in einem Fenster von 20 % für eine Dauer von jeweils 10 Perioden. Nach sechs Aktualisierungen ist der Sicherheitspuffer groß genug, um die realen Task-Kosten gut abzudecken. Zu einer weiteren Aktualisierung kommt es nicht, da die Burst-Stärke gleich bleibt und die mittleren Kosten den Sicherheitspuffer nicht mehr verletzen.

Zyklisch schwankende Task-Anforderungen werden also automatisch durch die Sicherheitspuffer erfasst. Dies ist allerdings abhängig von der Größe des Zeitfensters (σ-window), über das die Standardabweichung der gemessenen Taskkosten berechnet wird. In diesem Fall ist das Fenster groß genug um den Burst so zu erfassen, dass nach einer Zeit keine Aktualisierungen mehr stattfinden. Die Folge ist ein Sicherheitspuffer, welcher abschnittsweise die realen Kosten überprovisioniert. Diese freien Ressourcen können zum Beispiel durch einen Capacity Sharing-Mechanismus (CASH) [7] auf CBS-Ebene anderen Applikationen verfügbar gemacht werden und sorgen damit dafür, dass diese weniger wahrscheinlich in Engpässe geraten.

Ein kleineres σ-Zeitfenster führt dagegen wahrscheinlicher zu einer stationären Abtastung von Schwankungen und folglich zu frequenteren SB-Aktualisierungen und Rekonfigurationen. In Abb. 4 wurde z.B. ein gleitendes σ-Fenster von $B_{prd}/2$ Perioden-Samples gewählt. Würde dieses Fenster stark verkleinert würden irgendwann periodische Rekonfigurationen auftreten. Mit der Wahl der Fenstergröße wird damit bestimmt, welche Periode bei Bursts von unserem Ansatz ausgeglichen werden kann und welche nicht. Niederfrequente Bursts benötigen zur Erkennung große Fenster, führen aber auch zu stärkerer Überprovisionierung und damit zu schlechterer Auslastung des Systems.

Die Werte der Standardabweichung und der Sicherheitspuffer werden nur an bestimmten Aktualisierungspunkten überprüft und neu berechnet und zwar nur dann, wenn die Sicherheitspuffer durch die mittleren Task-Kosten verletzt wurden (vgl. Kap. 3.1 und 3.2). Diese Punkte werden durch die Periode des

---

[3] Hierbei wird ein rampenartiger Anstieg emuliert, welcher im Normalfall der anspruchsvollste ist.

jeweiligen CBS bestimmt, welcher für die Task zuständig ist. Dementsprechend können Zeitabschnitte entstehen, bei denen die mittleren Task-Kosten bis zum nächsten Aktualisierungspunkt über den Wert des Sicherheitspuffers steigen (siehe Abb. 2a). Da dort die realen Kosten unter Umständen weit über den Puffer hinausragen, ist die Planbarkeit der Task nicht verifiziert und es können potentiell Fristverletzungen auftreten. Sollten Deadlines tatsächlich verpasst werden, schaltet das System automatisch auf einer Strategie um, bei der die Sicherheitspuffer bei jeder Task-Periode überprüft werden (vgl. Abb. 2b). Der Overhead und die potentielle Rekonfigurationswahrscheinlichkeit steigen dabei kurzfristig, das System erreicht jedoch schneller einen stabilen Zustand.

Zu einem solchen Fall kommt es ist in Abb. 4 nicht. Die Test-Anwendung besteht hier aus einer einzigen Task, wodurch die CBS-Periode mit der Task-Periode identisch ist. D.h., dass die SB bei jeder Task-Periode überprüft und unter Umständen aktualisiert werden. Besteht jedoch eine Anwendung aus mehreren Tasks mit einer relativ großen Hyperperiode, so steigt bei einer ratenbasierten SB-Aktualisierung die Wahrscheinlichkeit für Fristverletzungen.

4.2   Einsatz in Betriebssystemen

Das vorgestellte hierarchische Scheduling-Modell ließe sich grundsätzlich in ein Betriebssystem integrieren. Lelli et al. haben bereits einen SCHED_DEADLINE genannten EDF-Scheduler [8,9] für einen Linux-Kernel entwickelt. Dieser wurde im Rahmen des JUNIPER-Projekts [2] als Basis für einen hierarchischen Scheduler [10] für Multiprozessoren verwendet. Basierend auf SCHED_DEADLINE kann auch das vorgestellte Modell realisiert werden. Durch eine spezielle API im *User-Space* können Applikationen ihre Modi und Tasks im Kernel registrieren. Ein Moduswechsel kann als Folge eines speziellen Systemaufrufs ausgelöst werden, z.B. wenn sich Tasks am Ende eines Jobs selbst suspendieren.

5   Fazit

Das vorgestellte Modell vermindert nicht die Komplexität, die notwendig ist, um die Planbarkeit eines Systems nachzuweisen, verteilt diese aber zeitlich und an Stellen, wo dynamische Toleranzgrenzen verletzt werden. Ferner werden Qualitätsentscheidungen von den Planbarkeitstests abgekoppelt und nur anhand abstrakter Kapazitätswerte durchgeführt, welche die tatsächlichen Anwendungsanforderungen innerhalb definierter Zeitabschnitte akkumulieren. Die Optimierung der Qualitätsstufen ermöglicht eine gezielte und sichere Degradierung der Komplexität bei Engpässen im System. Ebenso wurde gezeigt wie sich die Toleranzgrenzen dynamisch an periodisch schwankenden Anforderungen anpassen, um zyklische Rekonfigurationen des Systems zu vermeiden. Eine Implementierung auf der Basis von RTSJ konnte die theoretischen Überlegungen in der Praxis validieren. Das vorgeschlagene Modell lässt sich einerseits auch in Betriebssysteme integrieren und wurde andererseits auch schon für die Ressourcensteuerung und SLA-Konformität in einer Cloud-Plattformarchitektur [11] eingesetzt.

Literaturverzeichnis

1. ARTOS. http://www.uni-ulm.de/in/vs/proj/artos.html, July 2015.
2. Juniper - Java platform for high-performance and real-time large scale date. http://www.juniper-project.org/, July 2015.
3. Real-Time Specification for Java (Version 1.0.2). http://rtsj.org, July 2015.
4. L. Abeni and G. C. Buttazzo. Integrating multimedia applications in hard real-time systems. In *IEEE Real-Time Systems Symposium*, 1998.
5. K. Albers and F. Slomka. Efficient feasibility analysis for real-time systems with EDF scheduling. In *DATE, 2005. Proceedings*, 2005.
6. S.K. Baruah, A.K. Mok, and L.E. Rosier. Preemptively scheduling hard-real-time sporadic tasks on one processor. In *Real-Time Systems Symposium, 1990. Proceedings., 11th*, pages 182–190, Dec 1990.
7. M. Caccamo, G. Buttazzo, and L. Sha. Capacity sharing for overrun control. In *Proc. of the 21st IEEE Real-Time Sys. Symp.—RTSS*, 2000.
8. J. Lelli, D. Faggioli, and T. Cucinotta. An efficient and scalable implementation of global EDF in Linux. In *International Workshop on Operating Systems Platforms for Embedded Real-Time Applications (OSPERT)*, 2011.
9. J. Lelli, C. Scordino, L. Abeni, and D. Faggioli. Deadline scheduling in the Linux kernel. *Software: Practice and Experience*, 2015.
10. G. Lipari and E. Bini. A framework for hierarchical scheduling on multiprocessors: From application requirements to run-time allocation. In *Real-Time Systems Symposium (RTSS), 2010 IEEE 31st*, pages 249–258, Nov 2010.
11. V. Nikolov, S. Kachele, F. J. Hauck, and D. Rautenbach. CLOUDFARM: An elastic cloud platform with flexible and adaptive resource management. In *Utility and Cloud Computing (UCC), 7th Int. Conf. on*, pages 547–553, Dec 2014.
12. V. Nikolov, K. Kempf, F. J. Hauck, and D. Rautenbach. Distributing the complexity of schedulability tests. *21st IEEE Real-Time and Emb. Techn. and App. Symp.*, page 3, 2015.
13. V. Nikolov, M. Matousek, D. Rautenbach, L. Penso, and F. J. Hauck. ARTOS: System model and optimization algorithm. techn. rep., 2012.
14. OSGi Alliance. OSGi service platform core spec. 4.3, 2011.
15. J.K. Strosnider, J.P. Lehoczky, and Lui Sha. The deferrable server algorithm for enhanced aperiodic responsiveness in hard real-time environments. *IEEE Transactions on Comp.*, 44(1):73–91, 1995.

Wartefreie Synchronisation von Echtzeitprozessen mittels abgeschirmter Abschnitte

Gabor Drescher und Wolfgang Schröder-Preikschat

Lehrstuhl für Verteilte Systeme und Betriebssysteme
Friedrich-Alexander-Universität Erlangen-Nürnberg, 91058 Erlangen
{drescher,wosch}@cs.fau.de

Zusammenfassung. Wartefreie Synchronisation gibt jedem konkurrierenden Prozess uneingeschränkte Fortschrittsgarantie. Sie ist für Echtzeitsysteme eine mehr als wünschenswerte Eigenschaft, erfordert aber
eine adäquate Programmstrukturierung. Im Beitrag werden dazu her-
kömmliche kritische Abschnitte als sogenannte *abgeschirmte Abschnitte*
ausgelegt. Anders als kritische Abschnitte blockieren Vorzugsprozesse
niemals beim Eintritt in einen abgeschirmten Abschnitt, obwohl sie auch
einen solchen Abschnitt nur sequentiell passieren dürfen. Konkurrierende
Prozesse umgehen einen abgeschirmten Abschnitt, falls notwendig synchronisieren sie sich zu nebenläufigen Zustandsänderungen innerhalb des
Abschnitts mit Hilfe von Terminvariablen (*futures*). In Konsequenz dieser
Maßnahme ergeben sich Einschränkungen in den Überlappungsmustern
gleichzeitiger Prozesse, wodurch der Weg für einen wartefrei synchronisierten und latenzminimierten Betriebssystemkern geebnet wird.

1 Einleitung

Die durch mehr- und vielkernige Prozessoren bedingte echte Parallelität inten-
siviert nicht nur den Indeterminismus einer einzelnen sequentiellen/parallelen
Aktion eines ohnehin schon nichtsequentiellen Programms, sondern verstärkt
auch die Interferenz von Prozesssynchronisation und -einplanung. Diese Tatsache ist besonderes problematisch für ereignisgesteuerte Echtzeitsysteme, betrifft
aber ebenso die zeitgesteuerten Varianten.

Synchronisation gekoppelter Prozesse, die also gleichzeitig und konkurrierend auf ein gemeinsames Betriebsmittel zugreifen, kann blockierend oder nichtblockierend verlaufen. Dabei ist letztere Verfahrensweise von Natur aus frei
von Problemen der Prioritätsverletzung, Prioritätsumkehr und Prozessverklem-
mung. Konzeptionell ist sogar direkte Interferenz mit der Prozesseinplanung aus-
geschlossen.[1] Weitere Eigenschaften nichtblockierender Synchronisation richten
sich nach der Fortschrittsgarantie, die den gekoppelten Prozessen zu geben ist:

---

[1] Einmal abgesehen von Verfahren zur Stauauflösung (*backoff* [1]) bei Konkurrenzsi-
tuationen mit atomaren Maschinenbefehlen, was nicht nur ein Aspekt blockierender
Synchronisation darstellt (*lock contention*), sondern auch für nichtblockierende Synchronisation in Betracht zu ziehen ist. In dieser Hinsicht unterscheiden sich die beiden
Paradigmen nicht wirklich.

– behinderungsfrei (*obstruction-free* [4]), wenn *ein* Prozess in Isolation, also in Abwesenheit gekoppelter Prozesse, *jede* Aktion in einer endlichen Anzahl von Schritten vollenden kann,

– sperrfrei (*lock-free* [3]), wenn *irgendein* Prozess *eine* Aktion in einer endlichen Anzahl von Schritten unabhängig von den relativen Geschwindigkeiten anderer Prozesse vollenden kann,

– wartefrei (*wait-free* [3]), wenn *jeder* Prozess *jede* Aktion in einer endlichen Anzahl von Schritten unabhängig von den relativen Geschwindigkeiten anderer Prozesse vollenden kann.

Wartefreie Synchronistion gibt jedem Prozess eines Rechensystems starke Fortschrittsgarantien, unabhängig von Anzahl und Verhalten aller Prozesse, die gleichzeitig um den Gebrauch gemeinsamer und indirekt durch Datenstrukturen oder Programmabschnitte repräsentierter Betriebsmittel konkurrieren. Indem sie sicherstellt, dass jede Aktion innerhalb einer endlichen Anzahl von Schritten vollendet wird, legt sie die Grundlage dafür, nach oben beschränkte oder gar konstante Ausführungszeiten aus nichtsequentiellen Programmen ableiten zu können. Diese Eigenschaft ist von besonderer Bedeutung für zeitabhängige Prozesse, wie sie für Echtzeitsysteme typisch sind. Jedoch ist wartefreie Synchronisation vor dem Hintergrund beliebiger Programm- und Datenstrukturen alles andere als leicht.

1.1   Abgeschirmter Abschnitt

Der Beitrag handelt von einem Ansatz, dem sogenannten *abgeschirmten Abschnitt*, mit dem ein möglicher kritischer Wettlauf (*race hazard*) gleichzeitiger Prozesse vorgebeugt werden kann und der dabei alle Vorteile wartefreier Synchronisation zeigt, zugleich aber frei ist von der methodischen und technischen Komplexität dieses Paradigmas in funktionaler und nichtfunktionaler Hinsicht. Anders als bei konventionellen kritischen Abschnitten blockieren Vorzugsprozesse (d.h., in statischer oder dynamischer Hinsicht vorrangige Ausführungsstränge) niemals beim Eintritt in einen abgeschirmten Abschnitt, obwohl nur jeweils ein Prozess nach dem anderen einen solchen Abschnitt passieren darf. Abgeschirmte Abschnitte können aktiv oder inaktiv und damit von einem Prozess besetzt oder unbesetzt sein. Nähert sich ein Prozess einem aktiven abgeschirmten Abschnitt, hinterlässt er bei Umgehung des Abschnitts einen *Durchgangsauftrag*, der zu gegebener Zeit von dem den Abschnitt besetzenden Prozess bedient wird. Solche Aufträge kommen in eine wartefrei synchronisierte Warteschlange. Ein Vorzugsprozess, der einen aktiven abgeschirmten Abschnitt zu betreten versucht, wartet nur so lange, bis der Durchgangsauftrag zusammen- und bereitgestellt wurde. Diese Wartezeit hat eine obere Schranke.

Ein Prozess, der den abgeschirmten Abschnitt umgehen musste, kann sich zu nebenläufigen Zustandsänderungen innerhalb dieses Abschnitts mittels Terminvariable (*future*) synchronisieren. In solch einem Fall enthält der abgesetzte Durchgangsauftrag eine Referenz auf die von dem den abgeschirmten Abschnitt besetzenden Prozess zu verwendende Terminvariable zur Signalisierung der erwarteten Zustandsänderung, die einen Ergebniswert für den den Abschnitt umgehenden Prozess zur Folge hat. Belegung der Terminvariablen mit einem Wert und damit verbundene Signalisierung hat konstanten Zeitaufwand. Des Weiteren ist die Signalisierung der Wertebelegung einer Terminvariablen nicht nur nichtblockierend für den Signalgeber, sondern auch wirksam im Falle eines noch nicht synchronisierten Signalnehmers und beugt damit dem Verlorengehen des Aufwecksignals (*lost wakeup*) vor.

Der Ansatz resultiert in ein Muster von Reihungsoperationen in Bezug auf die Durchgangsaufträge, das mehrfaches ein- und einfaches austragen (*multiple-enqueue/single-dequeue*) von Elementen der Warteschlange vorsieht. Dadurch wird der Weg geebnet für die effiziente Implementierung einer wartefrei synchronisierten Warteschlange von Aufträgen, mit deren Hilfe ein abgeschirmter Abschnitt sequentiell ausgeführt wird. Darüberhinaus blockiert ein Prozess in diesem Modell, wenn überhaupt, nur durch logische/bedingte Synchronisation, damit unilateral und nur aufgrund wohldefinierter und expliziter Datenabhängigkeiten. Umfang und Struktur der Gruppe gekoppelter Prozesse, die einer eventuellen Blockierungszeitanalyse zu unterziehen ist, werden eingeschränkt.

1.2 Begründung

Ein kritischer Abschnitt erfordert die Aufstellung von Prozessen derart, dass zu einem bestimmten Zeitpunkt höchstens einer von ihnen den Abschnitt besetzen kann. Dieses Prinzip definiert ein *Ausschließlichkeitsverhältnis* zwischen gleichzeitigen Prozessen, die dadurch miteinander gekoppelt sind. Dabei ist der Ausschluss zwingend, er wird unabhängig davon durchgesetzt, ob für einen Prozess eine direkte Datenabhängigkeit in Bezug auf die in dem kritischen Abschnitt erfolgende Zustandsänderung besteht. Eine solche Abhängigkeit ist mit einer Aktion oder Aktionsfolge gegeben, bei der ein Berechnungsergebnis direkt in den Prozess einfließen muss. Beispiel ist das Entfernen eines Eintrags aus einer von mehreren Prozessen gemeinsamen benutzten dynamischen Datenstruktur, wobei dieser Eintrag als Eingabe für den Prozess sofortige Verwendung finden muss.

Allerdings nicht alle durch einen kritischen Abschnitt definierten Aktionen sind dieser Art. Das genannte Beispiel verdeutlicht zudem auch zwei wesentliche Schritte: (1) die Zustandsänderung und (2) die Ergebnislieferung. Jeder kritische Abschnitt umfasst den ersten Schritt, jedoch bei weitem nicht alle schließen den zweiten Schritt mit ein. Vereinfacht ausgedrückt ist ein abgeschirmter Abschnitt lediglich dieser erste Schritt in einem kritischen Abschnitt. Diesen Schritt muss nicht jeder in den kritischen Abschnitt eintretende Prozess zwingend selbst erledigen, um am Ende die gewünschte Zustandsänderung hervorgerufen zu haben. So kann ebenso ein anderer Prozess damit beauftragt werden. Im Falle eines aktiven abgeschirmten Abschnitts wird genau dem Prozess, der diesen Abschnitt besetzt, diese Aufgabe in Form des Durchgangsauftrags übertragen.

1.3 Überblick

Der Rest des Beitrags ist wie folgt organisiert. Abschnitt 2 erklärt den Entwurf und die prinzipielle Funktionsweise verschiedener Arten abgeschirmter Abschnitte. In Abschnitt 3 wird kurz auf die Implementierung von zentralen Funktionen eingegangen. Zugunsten einer ausführlicheren Konzeptbeschreibung sei aus Platzgründen für die Evaluierung des Konzepts auf [2] verwiesen. Abschnitt 4 fasst die wesentliche Aspekte des Beitrags zusammen.

2   Entwurf

In struktureller Hinsicht ist ein abgeschirmter Abschnitt einem kritischen Abschnitt sehr ähnlich, so dass im Allgemeinen der eine leicht durch den anderen ersetzt werden kann. Je nach anwendungsspezifischer Funktionalität werden verschiedene Arten von abgeschirmten Abschnitten unterschieden: asynchron (nichtblockierend), wertliefernd und datenabhängig (blockierend). Grundform ist die asynchrone Variante, die Vorzugsprozesse beim Eintritt in den jeweiligen Abschnitt nicht blockieren lässt. Der wertliefernde abgeschirmte Abschnitt gibt zusätzlich ein Resultat mittels Terminvariable direkt an den Prozess zurück, der den Abschnitt besetzen wollte aber nicht durfte, da der Abschnitt bereits aktiv war. Ein datenabhängiger abgeschirmter Abschnitt lässt den Prozess, der den Abschnitt besetzt, bis zu einer Wertlieferung durch einen anderen Prozess blockieren. Ein solcher Abschnitt kann selbst einen Wert liefern.

Aus Platzgründen werden im Folgenden nur asynchrone abgeschirmte Abschnitte vorgestellt. Die anderen beiden Arten werden ausführlich in [2] behandelt, in Ergänzung zu einer tiefgehenden Diskussion der Implementierungsskizze einer zeitberechenbaren Betriebssystemexekutive als Laufzeitunterstützung für abgeschirmte Abschnitte.

2.1   Asynchrone abgeschirmte Abschnitte

Grundsätzlich gilt hier, dass Prozesse, die den Abschnitt besetzen, blockierungsfrei den Abschnitt durchlaufen (*run-to-completion*). Diese Prozesse sind demnach frei von selbst auferlegten Wartezuständen, etwa wegen einer eventuellen Nichtverfügbarkeit von wiederverwendbaren oder konsumierbaren Betriebsmitteln. Solche Prozesse werden niemals innerhalb des abgeschirmten Abschnitts blockieren müssen, sie können jedoch der Verdrängung (*preemption*) unterworfen sein. Abb. 1 zeigt dieses Modell.

Dieses Modell trifft auch auf wertliefernde abgeschirmte Abschnitte zu, jedoch nicht, wenn innerhalb des Abschnitts eine Datenabängigkeit vorliegt und der Prozess daher gegebenenfalls blockieren müsste. Wie Abb. 1 zeigt, besteht ein abgeschirmter Abschnitt (*guarded section*) aus einer Schutzvorrichtung, die für die Abschirmung (*guard*) der kritischen Handlung (*critical action*) sorgt. Ein Prozess wird zum Anforderer (*requester*) eines solchen Abschnitts, wenn er ihn besetzen möchte. Ist der Abschnitt inaktiv also unbesetzt, wird der Anforderer den Abschnitt besetzen (aktivieren) und die kritische Handlung abgeschirmt durchführen. Ist der Abschnitt jedoch besetzt, hinterlässt der anfordernde Prozess einen Durchgangsauftrag in der Warteschlange (*queue*) ohne dabei zu blockieren und schreitet weiter voran, indem er den Abschnitt umgeht.

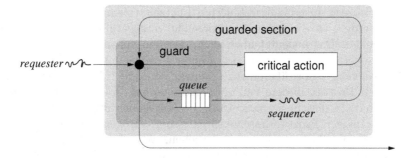

Abb. 1. Ablaufschema eines asynchronen abgeschirmten Abschnitts.

Am Handlungsende prüft der Prozess, der den abgeschirmten Abschnitt gerade besetzt, ob ein weiterer Durchgangsauftrag in der Warteschlange verzeichnet ist. Liegt wenigstens ein solcher Auftrag vor, übernimmt eben dieser Prozess die Folgesteuerung (*sequencer*) und verarbeitet die auf der Warteschlange stehenden Aufträge nacheinander.

In diesem Modell wird immer nur genau ein Prozess, nämlich die Folgesteuerung, einen Auftrag der Warteschlange entnehmen, jedoch können mehrere Prozesse Aufträge in die Warteschlange einspeisen (*multiple-enqueue/single-dequeue*). Das sich damit ergebende und nur noch eingeschränkt mögliche Überlappungsmuster der Warteschlangenoperationen erleichtert das Auffinden wartefrei synchronisierter Lösungen (vgl. Abschnitt 3), im Vergleich zu generellen Verfahren [5], die auch mehrere Entnahmeoperationen zugleich unterstützen. Damit dies zugesichert werden kann, verfügt jeder abgeschirmte Abschnitt über seine eigene Warteschlange.

2.2   Fortschrittsgarantie

Offensichtlich bedingt die Folgesteuerung eine mögliche Verzögerung des Prozesses, der den abgeschirmten Abschnitt jeweils gerade besetzt. Die Dauer dieser Verzögerung ist bestimmt durch die Anzahl der Aufträge in der Warteschlange, also der Last, sowie die Summe der Ausführungszeiten dieser Aufträge. Dabei gilt, dass jeder einzelne Auftrag eine maximale Ausführungszeit (*worst-case execution time*, WCET) hat. Ob die Auftragsanzahl jedoch nach oben beschränkt ist, hängt vom Verhalten der Prozesse ab, die den betreffenden abgeschirmten Abschnitt teilen. Da die Operationen der Auftragswarteschlange wartefrei synchronisiert sind, ist die Verzögerung (a) eines Anforderers bei Auftragsabgabe und (b) der Folgesteuerung bei Auftragsannahme jeweils zeitlich nach oben beschränkt auch unabhängig von der jeweils gegebenen Last. Grundsätzlich ist hier jedoch zu differenzieren, ob eine Mitbenutzung (*sharing*) des Prozessors der Folgesteuerung durch Anforderer vorliegt oder nicht.

Im Falle der Mitbenutzung konnte der Durchgangsauftrag nur durch einen Anforderer als Vorzugsprozess gegenüber der Folgesteuerung in die Warteschlange gelangen: der Anforderungsprozess hat eine höhere Priorität als der Folgesteuerungsprozess. In ereignisgesteuerten Echtzeitsystemen, wie sie hier angenommen werden, ist die daraus resultierende Verzögerung der Folgesteuerung nur konsequent. Das bedeutet aber auch, dass ein vorrangiger Anforderer immer unverzögert voranschreiten wird. Dieser Prozess unterliegt damit niemals dem Problem der Prioritätsumkehr (*priority inversion*). Wohingegen aber ein nachrangiger Prozess, in dem Fall die Folgesteuerung, solche Verzögerungen zu tolerieren hat. In diesem Szenario kann die Folgesteuerung also niemals durch einen nachrangigen Prozess desselben Prozessors verzögert werden.

Letzteres ist jedoch in Betracht zu ziehen, wenn ein nachrangiger Prozess eines entfernt gelegenen Prozessors eine Duchgangsanforderung stellt und in die Warteschlange eines aktiven abgeschirmten Abschnitts einspeist, den ein vorrangiger Folgesteuerungsprozess kontrolliert. In dem Fall würde es zur kritischen Verzögerung der Folgesteuerung kommen können, mit der Gefahr der Terminverletzung durch den Prozess, der den abgeschirmten Abschnitt besetzt oder besetzt hatte. Um diesem Fehlverhalten vorzubeugen, prüft die Abschirmung die Prozessorzugehörigkeit beider involvierten Prozesse: wenn die Anforderung (1) von einem anderen Prozessor aus und (2) durch einen nachrangigen Prozess gestellt wird, erwartet der betreffende Anforderer ein Freigabesignal seitens der Folgesteuerung. So werden also Prozesse, die nicht den Prozessor der Folgesteuerung mitbenutzen und von geringerer Priorität als die Folgesteuerung sind, der logischen Synchronisation unterworfen. Dass ein zur Folgesteuerung nachrangiger und entfernt gelegener Anforderer in dieser Situation warten muss, ist abermals nur konsequent in ereignisgesteuerten Echtzeitsystemen.

So ist die Fortschrittsgarantie für einen Prozess, der auf einen abgeschirmten Abschnitt trifft oder diesen durchläuft, maßgeblich bestimmt durch die Fortschrittsgarantie, die das Synchronisationsverfahren zur Absicherung der Warteschlangenoperationen bietet. Die an dieser Stelle greifende wartefreie Synchronisation garantiert jedem Prozess diese Operationen in einer endlichen Anzahl von Schritten vollenden zu können. Eine Abschwächung dieser Garantie ist nur durch Maßnahmen möglich, die außerhalb der Domäne abgeschirmter Abschnitte liegen. Hierzu gehört beispielsweise die Strategie zur Einplanung von Prozessen: In ereignisgesteuerten Echtzeitsystemen kann einem nachrangigen Prozess bestenfalls ein sperrfreier Fortschritt garantiert werden.[2]

3   Implementierung

Die nachfolgenden Unterabschnitte erläutern die Implementierung von abgeschirmten Abschnitten auf drei verschiedenen Abstraktionsebenen. Dabei wird schrittweise von der allgemeinen Struktur eines abgeschirmten Abschnitts zu speziellen Details wie dem Ein-/Austrittsprotokoll und der wartefrei synchronisierten Warteschlange von Durchgangsaufträgen (*top-down*) übergegangen.

---

[2] Genau genommen ist Wartefreiheit von Echtzeitprozessen eine relative Eigenschaft. Sie bezieht sich auf (a) gleichrangige Prozesse und (b) einen vorrangigen Prozess gegenüber nachrangigen Prozessen, nicht aber auf nachrangige Prozesse gegenüber vorrangigen Prozessen. In dieser Hinsicht verletzt Prioritätsumkehr Fall (b).

3.1 Entwurfsmuster

Die Verwendung von abgeschirmten Abschnitten ist der von kritischen Abschnitten in struktureller Hinsicht nicht unähnlich. Wie Abb. 2 skizziert, abstrahiert *handle* (Z. 3) von der eigentlich zu schützenden kritischen Aktion oder Aktionsfolge. Die fußgesteuerte Schleife bildet den Kern der Folgesteuerung, sie sorgt

```
1:  if (task ← VOUCH(guard, order)) ≠ 0 then    ▷ acquire guarded section, if unoccupied/inactive
2:      repeat                                   ▷ sequentially execute next pending request
3:          handle(task)                         ▷ safeguarded action: run to completion
4:      until (task ← CLEAR(guard)) = 0          ▷ remove next request or release guarded section
5:  end if
```

Abb. 2. Muster eines asynchronen abgeschirmten Abschnitts.

für die Abarbeitung von Durchgangsaufträgen, die während der Aktivzeit des abgeschirmten Abschnitts aufgelaufen sind. Zusammen bilden diese Aktionen eine bedingte Anweisung, wobei die Auswertung der Bedingung (Z. 1) den Zutritt zum abgeschirmten Abschnitt regelt. Wenn die Bedingung zutrifft, wurde die Folgesteuerung für den abgeschirmten Abschnitt aktiviert und implizit dem gegenwärtigen Prozess (*sequencer*) übertragen. Trifft die Bedingung nicht zu, hat der gegenwärtige Prozess (*requester*) lediglich einen Durchgangsauftrag in der Warteschlange hinterlassen.

Seien *enter*(*CS*) und *leave*(*CS*) die beiden Primitiven, um einen kritischen Abschnitt *CS* zu manifestieren und somit sicherzustellen, dass die durch diese Primitiven „eingeklammerten" Aktionen (logisch) atomar stattfinden. Dann gleicht die Sequenz *enter*(*CS*); *handle*(*task*); *leave*(*CS*) dem in Abb. 2 dargestellten Muster. Im Unterschied zum kritischen Abschnitt wird ein Prozess einen aktiven (besetzten) abgeschirmten Abschnitt jedoch umgehen und nicht beim Eintrittsversuch blockieren. Falls die blockierende Semantik wie die eines kritischen Abschnitts jedoch zwingend ist, schafft der wertliefernde abgeschirmte Abschnitt (*direct-result guarded section* [2]) Abhilfe. Die Transformation eines kritischen in einen abgeschirmten Abschnitt und umgekehrt ist vergleichsweise einfach und lässt sich zudem gut automatisieren.

3.2 Ein-/Austrittsprotokoll

Die Folgesteuerung verbirgt sich in zwei Primitiven, die in Abb. 3 skizziert sind. Der Einfachheit wegen ist hier die Variante für den pseudo/quasi parallelen Betrieb dargestellt. Das in Unterabschnitt 2.2 angedeutete Protokoll des echten Parallelbetriebs für mehr-/vielkernige (Multi-) Prozessoren ist eine Erweiterung der hier gezeigten und diskutierten Fassung. In dieser Erweiterung stellt das Eintrittsprotokoll (Abb. 3(a)) sicher, dass ein entfernt gelegener nachrangiger Anforderer ein Freigabesignal des den abgeschirmten Abschnitt besetzenden Prozesses durch das Austrittsprotokoll (Abb. 3(b)) abwarten muss.

Das Eintrittsprotokoll sorgt mit dem atomaren Maschinenbefehl FAS (*fetch and store*, Z. 4) nicht nur für die Abschirmung der nachfolgenden Aktionen, es

```
 1: function VOUCH(guard, order)
 2:     ENQUEUE(guard, order)
 3:     task ← 0
 4:     if FAS(guard.flag, 1) = 0 then
 5:         task ← DEQUEUE(guard)
 6:     end if
 7:     return task
 8: end function
```

```
 9: function CLEAR(guard)
10:     guard.flag ← 0
11:     task ← 0
12:     if ¬EMPTY(guard) then
13:         if FAS(guard.flag, 1) = 0 then
14:             task ← DEQUEUE(guard)
15:         end if
16:     end if
17:     return task
18: end function
```

(a) Eintrittsprotokoll.   (b) Austrittsprotokoll.

Abb. 3. Folgesteuerung abgeschirmter Abschnitte (Uniprozessorvariante).

beugt auch dem bei zeitlich verschränkter Ausführung mit dem Austrittsprotokoll (Abb. 3(b)) möglichen und für solche Überlappungsmuster typischen Problem des verloren gehenden „Weckrufs" (*lost wakeup*) eines Auftrags der Warteschlange vor.[3] Dazu wird der Durchgangsauftrag des gegenwärtigen Prozesses zunächst immer der Warteschlange hinzugeführt (Z. 2). Damit ist auch bereits alles für den anfordernden Prozess getan, sollte FAS wegen eines bereits aktiven (besetzten) abgeschirmten Abschnitts scheitern. Gelingt FAS, ist die Abschirmung aktiv und der anfordernde/gegenwärtige Prozess übernimmt die Folgesteuerung (*sequencer*). Dazu entnimmt er den nächsten anhängenden Durchgangsauftrag der Warteschlange (Z. 5) und starten diesen, indem er das Eintrittsprotokoll abschließt und verlässt (Z. 7).

Das Austrittsprotokoll startet damit, den abgeschirmten Abschnitt frühestmöglich freizugeben (Abb. 3(b), Z. 10) und ist dann auch schon wieder beendet, sollte die Auftragswarteschlange leer sein (Z. 12). Ist wenigstens ein Durchgangsauftrag anhängend, versucht FAS den Abschnitt erneut abzuschirmen und für den gegenwärtigen Prozess zu besetzen (Z. 13). Wenn dies gelingt, wird der nächste Auftrag der Warteschlange entnommen (Z. 14) und zur Verarbeitung zurückgeliefert (Z. 17). Zu beachten ist, dass Verschränkungen gleichzeitiger Prozesse während des Austrittsprotokolls dazu führen können, dass kein Durchgangsauftrag zurückgeliefert wird, obwohl die gesamte bedingte Anweisung (Z. 12–16) nur bei einer nichtleereren Warteschlange zur Ausführung gelangt. Dies führt jedoch lediglich dazu, dass der liefernde Prozess die fußgesteuerte Schleife der Folgesteuerung verlässt (vgl. Abb. 2).

Die Freigabe des abgeschirmten Abschnitts (Abb. 3(b), Z. 10), bevor auf anhängende Durchgangsaufträge geprüft wird, beugt der Gefahr eines bei Austritt aus einen abgeschirmten Abschnitt verloren gehenden Auftragweckrufs (*lost wakeup*) vor. Überprüfung des Warteschlangenzustands noch innerhalb des abgeschirmten Abschnitts und erst danach Freigabe dieses Abschnitts, läuft Gefahr, Aufträge zu verlieren, die zwischen diesen beiden Aktionen bei Ablauf des Eintrittsprotokolls eintreffen. Das gleiche Problem stellt sich im Eintrittsprotokoll. Angenommen, ein Durchgangsauftrag wird nur im Falle einer bereits aktiven Abschirmung, also wenn FAS im Eintrittsprotokoll scheitert, der Warteschlan-

---

[3] „Weckruf" meint die Aktivierung eines in die Warteschlange gelangenden Auftrags.

ge hinzugefügt. Falls zwischen diesen beiden Aktionen der den abgeschirmten Abschnitt besetzende Prozess das Austrittsprotokoll vollendet, gelangt im Eintrittsprotokoll ein von einem vorrangigen Prozess eines entfernt gelegenen Prozessors ausgelöster Durchgangsauftrag unbemerkt auf die Warteschlange. Um dieser Wettlaufsituation vorzubeugen, fügt das Eintrittsprotokoll einen Durchgangsauftrag immer der Warteschlange hinzu, um ihn gegebenenfalls wieder aufzunehmen, falls (1) die Abschirmung des Abschnitts gelingt und (2) eine zuvor aktive Folgesteuerung die Warteschlange nicht hat abbauen können.

3.3 Warteschlange

Wie eingangs erklärt unterstützt das für abgeschirmte Abschnitte spezifische Muster von Zugriffen auf die Auftragswarteschlange die wartefreie Synchronisation der Warteschlangenoperationen. Die Implementierungsskizze zeigt Abb. 4. Der Betrieb abgeschirmter Abschnitte kann zu einem Zeitpunkt mehr als eine

```
 1: dummy.next ← 0                    12: function DEQUEUE
 2: head ← ref dummy                  13:     item ← head
 3: tail ← ref dummy                  14:     next ← head.next
                                      15:     if next = 0 then
                                      16:         return 0
                                      17:     end if
 4: function EMPTY                     18:     head ← next
 5:     return head.next = 0          19:     if item = ref dummy then
 6: end function                      20:         ENQUEUE(item)
                                      21:         if head.next = 0 then
                                      22:             return 0
                                      23:         end if
 7: procedure ENQUEUE(item)           24:         head ← head.next
 8:     item.next ← 0                 25:         return next
 9:     prev ← FAS(tail, item)        26:     end if
10:     prev.next ← item              27:     return item
11: end procedure                     28: end function
```

Abb. 4. Überlappungsmusterspezifische wartefrei synchronisierte Warteschlange.

Einfüge-, aber immer nur eine Entnahmeoperation zur Folge haben. Da jeder dieser Abschnitte über eine eigene Auftragswarteschlange verfügt, sind andere Überlappungsmuster unmöglich.

Die Einfügeoperation folgt dem gleichen Schema wie die warteschlangenbasierte Sperre [6], bei der Elemente ebenfalls mittels FAS in die Warteschlange eingetragen werden. Wie die Implementierung zeigt (Abb. 4, Z. 8–10) ist die Anzahl der hierzu notwendigen Schritte nicht nur endlich, sondern konstant. Die Entnahmeoperation ist komplizierter, muss allerdings dank der eingeschränkten möglichen Überlappungen nur noch der Wettlaufsituation mit gleichzeitigen Einfügeoperationen vorbeugen. Hierzu wird auf eine Technik zurückgegriffen, die ein Blindelement nutzt. Der Trick besteht darin, die Warteschlange niemals wirklich leer werden zu lassen, indem nämlich wenigstens das Blindelement enthalten ist. Dadurch entfallen komplexe Operationen, um sowohl Kopf- als auch Schwanzzeiger der Warteschlange atomar zu aktualisieren. Wie Abb. 4 (Z. 13–27) zeigt, wirken die Aktionen allein auf den Kopfzeiger und die gesamte Operation läuft in endlicher Anzahl von Schritten ab. Erwähnenswert ist zudem, dass die Operation nur ausnahmsweise auf einen atomaren Spezialbefehl zurückgreift, nämlich wenn das Blindelement der Warteschlange entnommen wurde und es wieder einzufügen ist (Abb. 4, Z. 20).

4   Fazit

Abgeschirmte Abschnitte sind kritischen Abschnitten sehr ähnlich, vermerken jedoch Durchgangsaufträge von Vorzugsprozessen, anstatt die Prozesse beim Eintrittsversuch zu blockieren. Ein Prozess, der in einen abgeschirmten Abschnitt eingetreten ist, übernimmt die Verantwortung für die sequentielle Verarbeitung dieser Aufträge anderer Prozesse. Dieses Verarbeitungsprinzip erleichtert die Implementierung einer wartefrei synchronisierten Warteschlange von Durchgangsaufträgen. Die konstruktive Herangehensweise zur Vorbeugung kritischer Wettläufe eignet sich besonders für Echtzeitsysteme, da gleich- und vorrangige Prozesse ihre Aktionen in einer endlichen Anzahl von Schritten vollenden können. Experimente mit einem 80-kernigen Prozessor zeigen, dass abgeschirmte Abschnitte sperrbasierte Verfahren leistungsmäßig übertreffen können [2].

Danksagung

Die Arbeit wurde unterstützt durch die Deutsche Forschungsgemeinschaft (DFG) unter den Förderkennzeichen SCHR 603/8-1, /10-1, /13-1 und dem Sonderforschungsbereich/Transregio „Invasive Computing" (SFB/TR 89, Projekt C1).

Literaturverzeichnis

1. A. Agarwal and M. Cherian. Adaptive backoff synchronization techniques. In *Proceedings of the 16th Annual International Symposium on Computer Architecture (ISCA '89)*, pages 396–406, New York, NY, USA, 1989. ACM.
2. G. Drescher and W. Schröder-Preikschat. An experiment in wait-free synchronisation of priority-controlled simultaneous processes: Guarded sections. Technical Report CS-2015-01, Department Informatik, Friedrich-Alexander-Universität Erlangen-Nürnberg, Jan. 2015.
3. M. Herlihy. Wait-free synchronization. *ACM Transactions on Programming Languages and Systems*, 11(1):124–149, Jan. 1991.
4. M. Herlihy, V. Luchangco, and M. Moir. Obstruction-free synchronization: Double-ended queues as an example. In *Proceedings of the 23rd International Conference on Distributed Computing Systems (ICDCS 2003), May 19–22, 2003, Providence, Rhode Island, USA*, pages 522–529. IEEE Computer Society, 2003.
5. A. Kogan and E. Petrank. Wait-free queues with multiple enqueuers and dequeuers. In *Proceedings of the 16th ACM SIGPLAN Annual Symposium on Principles and Practice of Parallel Programming (PPoPP '11)*, pages 223–234. ACM, 2011.
6. J. M. Mellor-Crummey and M. L. Scott. Algorithms for scalable synchronization on shared-memory multiprocessors. *ACM Transactions on Computing Systems*, 9(1):21–65, Feb. 1991.

*d*OSEK: Maßgeschneiderte Zuverlässigkeit

Martin Hoffmann, Florian Lukas, Christian Dietrich und Daniel Lohmann

Lehrstuhl für Verteilte Systeme und Betriebssysteme
Friedrich-Alexander-Universität Erlangen-Nürnberg, 91058 Erlangen
{hoffmann,lukas,dietrich,lohmann}@cs.fau.de

Zusammenfassung. Sinkende Strukturgrößen und verringerte Versorgungsspannungen führen, zusammen mit einer stetigen Taktfrequenzsteigerung, zu einer immer weiter ansteigenden Anfälligkeit aktueller Hardware gegenüber transienten Hardwarefehlern. Ursprünglich im Avionikbereich behandelt, erreicht die Problematik durch Höhenstrahlung verursachter Bitfehler inzwischen auch sicherheitskritische Systeme auf Meereshöhe. Gerade hier finden sich jedoch vermehrt kostensensitive Anwendungsdomänen, insbesondere im Bereich der Automobilbranche, die eine sonst übliche rein hardwarebasierte Redundanz nicht umsetzen können. Hier kommen häufig softwarebasierte Techniken zum Einsatz, die in vielen Fällen jedoch nur die Anwendungsebene absichern, und ein darunterliegendes Betriebssystem als sicher annehmen.
Dieser Beitrag präsentiert die Entwicklung und Entwurfskonzepte des *d*OSEK Betriebssystems[1], welches als zuverlässige Ausführungsumgebung auf unzuverlässiger Hardware dienen soll. Der Entwurf basiert auf zwei Säulen: Konstruktive Fehlervermeidung, durch Vermeidung von fehlerträchtigen Indirektionen sowie ergänzende Integration von Fehlertoleranz, unter anderem durch den Einsatz fehlererkennender arithmetischer Kodierung innerhalb des gesamten Kernpfades. Den vollständigen Fehlerraum abdeckende Fehlerinjektionsexperimente zeigen eine deutliche Robustheitssteigerung gegenüber einem vergleichbaren industriell eingesetzten OSEK Betriebssystem.

1 Die sinkende Zuverlässigkeit der Hardware

Sinkende Strukturgrößen und verringerte Versorgungsspannungen, zusammen mit einer steten Steigerung der Taktfrequenz, erhöhen die Anfälligkeit aktueller Prozessoren gegenüber externen Störeinflüssen, wie zum Beispiel Höhenstrahlung. Diese äußern sich durch *transiente Hardwarefehler*, die das Verhalten des Systems kurzfristig beeinflussen können, ohne jedoch zwangsläufig zu dauerhaften Schäden zu führen. Während diese Problematik in der Luft- und Raumfahrt lange bekannt ist, und durch kostenaufwändige Hardwareredundanz angegangen wird, erreicht die Problemstellung zunehmend weitere sicherheitskritische Domänen, wie beispielsweise die Automobilbranche. Gerade hier verzeichnet sich ein

---

[1] Diese Arbeit wurde durch die Deutsche Forschungsgesellschaft (DFG) im Rahmen des Schwerpunktprogramms 1500 unter Nr. LO 1719/1-3 gefördert.

vermehrter Einsatz rechnergestützter Anwendungen, von Fahrerassistenzsyste-
men bis hin zu autonomen Fahren, die funktionale Sicherheit auch unter Einfluss
transienter Fehler garantieren müssen.

Hardwarebasierte Redundanz scheidet an dieser Stelle aufgrund von Kosten-,
Gewichts-, oder sonstiger Bauraumbeschränkungen häufig aus. Vielmehr schreitet stattdessen die Konsolidierung verschiedener Anwendungen auf einzelne Steuergeräte voran, sodass zur Einhaltung der funktionalen Sicherheit alternative
Lösungen zu suchen sind. Softwarebasierte Redundanzmaßnahmen bieten hier
die Möglichkeit einzelne Anwendungen selektiv abzusichern. Sicherheitskritische
Anwendungen können dadurch gezielt, beispielsweise durch redundante Ausführung, abgesichert werden. Die verbleibenden Systemressourcen können für un-
kritische Applikationen genutzt werden. Existierende Ansätze softwarebasierter
Fehlertoleranz konzentrieren sich dabei oft ausschließlich auf die Ebene der An-
wendung und lassen dabei das Betriebssystem außer acht, welches jedoch als
Perfektionskern (engl. reliable computing base [3]) gerade die Grundlage aller
Redundanzmaßnahmen darstellt.

2 dOSEK als Perfektionskern

Dieser Beitrag beschreibt die Entwicklung und Entwurfskonzepte des dOSEK
Betriebssystems, welches als zuverlässiger Perfektionskern auf unzuverlässiger
Hardware dienen soll. Dies erlaubt es letztlich den Replikationsbereich von der
Anwendung bis hinab in die Betriebssystemebene zu erweitern. Die Entwicklung
von dOSEK hat von Beginn an den Aspekt *Zuverlässigkeit* als oberstes Entwurfs-
ziel. Diese Zuverlässigkeit ruht auf zwei Säulen: Konstruktive *Fehlervermeidung*
und ergänzende Integration von *Fehlertoleranz*.

2.1   Steigerung der inhärenten Robustheit

Basierend auf der inhärenten Robustheit eines statischen Systementwurfs [5],
hier am Beispiel der OSEK Spezifikation [10], wird das Betriebssystem auf die
jeweiligen Anforderungen einzelner Anwendungsszenarien maßgeschneidert. An-
fälliger dynamischer Systemzustand wird hierbei auf ein Minimum reduziert.
Abb. 1 zeigt beispielhaft die resultierenden Zustandsdaten für ein System bestehend aus drei Tasks, zwei Alarmen und einem Zähler. Als entscheidende Kataly-
satoren für unerkannte Datenfehler (engl. silent data corruptions, SDCs) zeigen
sich außerdem Indirektionen, sowohl im Daten-, als auch im Kontrollfluss [5, 6],
weshalb diese im Systementwurf, soweit möglich, vermieden wurden. Hierzu zählt
auch die vollständige Inline-Ersetzung aller Systemaufrufe zur Vermeidung von
Indirektionen durch Funktionsaufrufe.

Eine erweiterte statische Analyse des Gesamtsystems über die Kern–Anwen-
dungsschnittstelle hinaus erlaubt außerdem die Bestimmung des erwarteten Systemverhaltens, entsprechend der Betriebssystemspezifikation [2]. Dieses umfangreiche Wissen über mögliche Systemzustände und -übergange ermöglicht eine

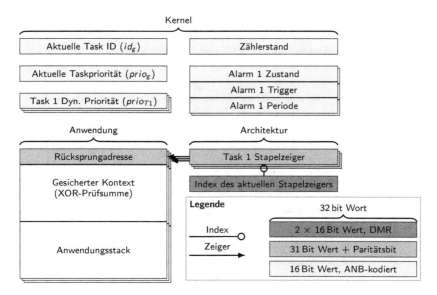

Abb. 1. Überblick über die verbliebenen dynamischen Zustandsdaten im RAM am Beispiel eines OSEK Systems mit drei Tasks, zwei Alarmen und einem Zähler. Alle architekturunabhängigen Kerndaten sind durch ANB-Kodierung abgesichert. Verbleibende architektur- und anwendungsspezifischen Werte sind durch zweifache Speicherung oder Paritätsbits geschützt.

weitere Maßschneiderung der Systemsoftware bis hin zur fast vollständigen Vermeidung von anfälligen Indirektionen. Eine genauere Betrachtung der statischen Gesamtsystemanalyse findet sich im Beitrag „Globale Kontrollflussanalyse von eingebetteten Echtzeitsystemen" innerhalb dieses Bandes.

2.2   Erkennung und Tolerierung der Restfehler

Die Ausführungen dieses Beitrags konzentrieren sich auf die Absicherung des verbleibenden, unvermeidbaren dynamischen Systemzustands, durch gezieltes Hinzufügen von Redundanz. Neben der Überprüfung des erwarteten Laufzeitverhaltens, basierend auf der statischen Systemanalyse, werden zielgerichtet Maßnahmen zur Fehlererkennung eingesetzt. Oberste Direktive ist hierbei die Eindämmung von Fehlern innerhalb des Kernpfades: Fehler während der Ausführung des Perfektionskerns dürfen sich nicht unerkannt zur Anwendungsebene fortpflanzen. Hierbei kommt innerhalb der generischen Betriebssystemfunktionen (Scheduling, Alarm-, und Ressourcenverwaltung) eine maßgeschneiderte arithmetische Kodierung zum Einsatz, vergleichbar mit dem kodierten Mehrheitsentscheider des CoRed Ansatzes [12]. Der zugrundeliegende ANB-Code [4] ermöglicht dabei die *Erkennung* von sowohl Daten- als auch Kontrollflussfehlern. Der Code besteht aus einem globalen konstanten Schlüssel A sowie einer variablenspezifischen, ebenso konstanten, Signatur B_n:

$$n_{enc} = A \cdot n + B_n$$

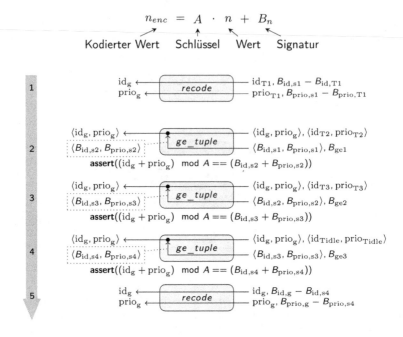

Kodierter Wert   Schlüssel   Wert   Signatur

Abb. 2. Kodierter Einplanungsalgorithmus. Alle Berechnungen auf Signaturwerten B können *vor* der Laufzeit durch den Übersetzer vorgenommen werden.

Zur Validierung eines kodierten Wertes muss lediglich die variablenspezifische Signatur abgezogen und auf ganzzahlige Teilbarkeit durch den Schlüssel geprüft werden. Arithmetische Codes zeichnen sich dabei durch einen Satz arithmetischer Operationen aus, innerhalb deren die Kodierung durchgehend aufrecht erhalten bleibt. Durch die Wahl eines geeigneten Schlüssels A lassen sich dabei bis zu fünf Bitfehler innerhalb eines kodierten Wertes zuverlässig erkennen [7,8]. Auf diese Weise können Zähler und Alarmkomponenten (siehe Abb. 1) direkt mittels kodierter Operationen umgesetzt werden.

Für eine abgesicherte Ausführung des Einplanungsalgorithmus im *d*OSEK System (OSEK fixed-priority scheduling) wurde ein zusätzliche, dedizierte arithmetische Operation entworfen. Grundlage ist eine priorisierte Taskliste, wobei die kodierte dynamische Priorität jedes Tasks an einer festen globalen Speicherstelle abgelegt ist ($\rightarrow$ Vermeidung von *indirekten* indexbasierten Speicherzugriffen). Ist ein Task nicht laufbereit, erhält er als dynamische Priorität einen kodierten Nullwert. Für die Bestimmung des höchstprioren laufbereiten Tasks werden schließlich die dynamischen Prioritäten der einzelnen Tasks sequentiell, in der Reihenfolge der statischen Prioritäten abgesucht. Die Komplexität des Algorithmus ist somit linear mit der (konstanten) Anzahl an Tasks.

Abb. 2 zeigt das grundlegende Konzept für drei Tasks. Die Sequenz arbeitet auf einem globalen Tupel $\langle \text{id}_g, \text{prio}_g \rangle$ ANB-kodierter Werte, bestehend aus der aktuell gefundenen höchstprioren Task ID und der zugehörigen Priorität. Mit

Hilfe einer dedizierten kodierten größer-gleich-Operation für Tupel (*ge_tuple*) wird die globale Priorität mit den einzelnen Taskprioritäten (prio_{T1} bis prio_{T3}) verglichen und gegebenenfalls direkt aktualisiert. Wie in Abb. 2 angedeutet, besteht die Sequenz aus fünf Schritten:

1 Initialisierung des globalen Tupels auf den ersten Task (T1) und Rekodierung auf Operationssignaturen ($B_{id,s1}, B_{prio,s1}$).

2,3 Für alle weiteren Tasks: Vergleich der Taskpriorität mit prio_g: Falls größer oder gleich, setze $\langle id_g, \text{prio}_g \rangle$.

4 Wiederholung des Schrittes mit dem Idletask (niedrigste Priorität).

5 Rekodierung auf globale Signaturen ($B_{id,g}, B_{prio,g}$).

Neben der eigentlichen Vergleichs- und Aktualisierungsoperation auf kodierten Werten, beinhaltet die *ge_tuple* Funktion eine zusätzliche Kontrollflussfehlererkennung. In jedem Schritt werden die Signaturen aller Eingangsoperanden ($B_{id,s1..s4}, B_{prio,s1..s4}$) und die Signatur der Operation selbst ($B_{ge1..4}$) im resultierenden globalen kodierten Tupel zusammengeführt. Die Signaturen der einzelnen Schritte werden dabei in den jeweils folgenden Operationen mit einbezogen. Auf diese Weise akkumulieren sich die einzelnen Operationssignaturen bis zum Ende der Sequenz und können an beliebigen Stellen überprüft werden. Hier sei nochmals angemerkt, dass die Signaturen und deren Kombinationen zur Übersetzungszeit konstant sind und entsprechend effizient zu validieren sind.

Ziel der innerhalb des *d*OSEK Kerns umgesetzten Fehlertoleranzverfahren ist die zuverlässige Fehlererkennung: Nicht mehr maskierbare, effektive Fehler müssen erkannt und der Anwendung gemeldet werden. Dies ermöglicht den Übergang in einen sicheren Zustand, der eine kontrollierte, anwendungsabhängige Reaktion auf den Fehlerfall ermöglicht. Hier sei nochmals betont, dass die Problematik durch transiente Fehler technologiebedingt nicht vollständig lösbar ist. Zwar lassen sich vorbeugende Maßnahmen treffen und die Symptome behandeln, die Ausfallrate des Gesamtsystems lässt sich dennoch nur auf ein erträgliches Maß reduzieren, nie gänzlich eliminieren. Der folgende Abschnitt beschreibt die Effektivität der vorgestellten Maßnahmen und stellt sie einem Vergleichssystem gegenüber.

3 Evaluation und Ergebnisse

Basierend auf umfangreichen emulatorbasierten Fehlerinjektionen [11] wird im Folgenden die Effektivität der umgesetzten Fehlertoleranztechniken, im Vergleich zu einem industriell eingesetzten OSEK Betriebssystem [1], bewertet. Alle Testszenarien basieren auf einem realitätsnahen, sicherheitskritischen Regelungssystem in Form einer Flugsteuerung. Abb. 3 zeigt eine vereinfachte Darstellung des Anwendungsszenarios, basierend auf dem I4Copter [13]. Das Szenario umfasst alle relevanten Betriebssystemobjekte, wie Tasks, Alarme und Ressourcen. Die

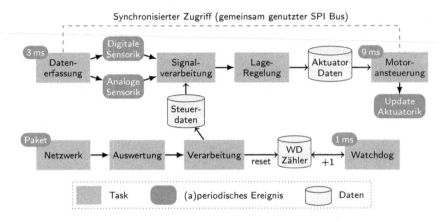

Abb. 3. Anwendungsszenario der Zuverlässigkeitsevaluation

Taskaktivierung erfolgt dabei sowohl durch periodische Alarme als auch aperi-
odisch beim Eintreffen eines Netzwerkpakets.

Als Fehlermodell werden Einzelbitfehler im Instruktionszähler, den Arbeits-
registern und im flüchtigen Speicher gewählt, nicht-flüchtige Speicherbereiche
werden als robust angenommen [9] und nicht injiziert. Mittels Fehlerraumreduk-
tion kann dabei der gesamte Raum potentiell effektiver Fehler abgedeckt werden.
Das Injektionsexperiment verzeichnet einen unerkannten Datenfehler (engl. silent data corruption, SDC), sobald die erwartete Aktivierungsreihenfolge verletzt
oder Anwendungsdaten unerwünscht modifiziert wurden. Als Ausführungsplattform wurde die Intel 32-bit Architektur gewählt.

3.1   Effektivität der Fehlertoleranztechniken

Zur Evaluation der Fehlertoleranztechniken werden verschiedene Varianten des
*d*OSEK Systems mit dem industriell eingesetzten, ebenso OSEK-konformen,
ERIKA Betriebssystem [1] verglichen.

ERIKA Unverändertes ERIKA System (SVN Revision 3274)

***d*OSEK (ungeschützt)** Basisvariante ohne explizite Fehlertoleranztechniken.

***d*OSEK FT** Abgesicherte Kernausführung unter Einsatz von arithmetischer
   Kodierung und weiteren Prüfsummen (siehe Abb. 1).

***d*OSEK FT+ZUS** Erweiterung um generierte Zusicherungen über den Sys-
   temzustand, ausgehend von einer globalen Kontrollflussanalyse.

Abb. 4 stellt unerkannten Datenfehler der einzelnen getesteten Systemvarianten gegenüber. Hierbei zeigt sich, dass ein ungeschütztes *d*OSEK (ohne arithmetische Kodierung und Prüfsummen), vor allem hinsichtlich der Registerfehler

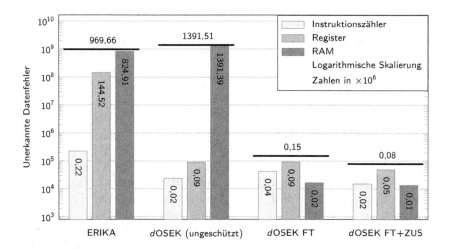

Abb. 4. Ergebnisse der Fehlerinjektion. Arithmetische Kodierung und Prüfsummenverfahren innerhalb der Kernausführung ermöglichen eine Reduktion unerkannter Fehler um mehrere Größenordnungen. Weitere Zusicherungen über den erwarteten Systemzustand erlauben eine weitere Halbierung der verbleibenden Restfehler.

deutlich robuster ist, als das ERIKA Vergleichssystem. Diese Robustheit lässt sich direkt auf die Vermeidung von Indirektion und die Maßschneiderung zurückführen. Aktiviert man zusätzlich die Fehlertoleranztechniken (dOSEK FT) führt dies zu einer deutlichen Reduktion der Fehler im dynamischen Speicher (um vier Größenordnungen im Bereich 10^9 nach 10^5), im Vergleich zu ERIKA. Gleichzeitig steigen die Fehler durch Registerinjektionen nicht signifikant an, obgleich der ausgeführte Programmcode deutlich erhöht ist (beinahe Faktor 4).

Eine weitere Zuverlässigkeitssteigerung, lässt sich durch das Einbringen von Zusicherungen (engl. asserts) über den erwarteten Betriebssystemzustand erreichen (siehe dOSEK FT+ZUS). Mit Hilfe einer die Kern–Anwendungsgrenzen überschreitenden statischen Analyse lässt sich das Verhalten des Gesamtsystems in gewissen Grenzen vorherbestimmen. (Details hierzu in Beitrag „Globale Kontrollflussanalyse von eingebetteten Echtzeitsystemen" dieses Bandes.) An den einzelnen Systemaufruforten lassen sich damit Zusicherungen über den erwarteten Systemzustand automatisiert in das Betriebssystem einbringen, was eine weitere Halbierung der Restfehler ermöglicht.

3.2   Gegenüberstellung der Speicher- und Laufzeitkosten

Tabelle 1 zeigt die Speicher- und Laufzeitkosten der verschiedenen Systemvarianten. Vermerkt ist die Größe der jeweiligen Codesegmente, sowie die Gesamtkernlaufzeit in Form dynamisch ausgeführter Instruktionen.

Programmspeicherverbrauch Die weitreichende Inline-Ersetzung der Systemaufrufe innerhalb der dOSEK Systeme äußert sich deutlich in einer signifi-

Tabelle 1. Speicher- und Laufzeitkosten der Vergleichssysteme

System	Codegröße (Bytes)	Laufzeit (Instruktionen)
ERIKA	3782	38 912
dOSEK (ungeschützt)	14 985	29 223
dOSEK FT	53 956	110 524
dOSEK FT+ZUS	71 049	121 583
dOSEK FT+ZUS+OPT	24 955	90 106

kant erhöhten Codegröße verglichen mit dem ERIKA System (Faktor 4 bezüglich dem ungeschützten dOSEK). Der zusätzliche Einsatz der Fehlertoleranzmaßnahmen in dOSEK FT führt zu weiteren hohen Mehrkosten, insbesondere aufgrund der vergleichsweise teuren arithmetischen Kodierung. Die Codegröße gipfelt letztlich durch die Einbringung der Zusicherungen über den Betriebssystemzustand (dOSEK FT+ZUS). Mit Hilfe der bereits erwähnten Gesamtsystemanalyse lässt sich hier jedoch eine Optimierung des Programmspeicherverbrauchs vornehmen (dOSEK FT+ZUS+OPT): Ist der Systemzustand an gewissen Systemaufruforten weitgehend vorhersehbar, muss der eigentliche Systemaufruf zur Laufzeit nicht vollständig im Speicher platziert und ausgeführt werden. Beispielsweise lässt sich der Ausgang einer Taskeinplanung an bestimmtem Stellen größtenteils oder gar gänzlich im Voraus bestimmen, wodurch der zugehörigen Einplanungsalgorithmus partiell oder vollständig gekürzt werden kann. Eine solche Optimierung führt zu einer deutlichen Reduktion der Codegröße bei mindestens gleichbleibender Zuverlässigkeit.

Laufzeit Eine Betrachtung der Laufzeit verdeutlicht zunächst die Effektivität der Maßschneiderung des dOSEK Basissystems im Vergleich zu ERIKA. Die indirektionsvermeidende Implementierung der Betriebssystemkomponenten reduziert die Laufzeit hier um etwas 25 Prozent.

Zusätzliche Fehlertoleranzmaßnahmen führen jedoch unvermeidlich zur einer deutlichen Laufzeiterhöhung um den Faktor 3. Die optimierte Variante kann den Mehraufwand hier wiederum verringern, jedoch nicht gänzlich eliminieren.

4   Zusammenfassung

Gängige software-basierte Zuverlässigkeitsmaßnahmen zielen zumeist auf die Absicherung der Anwendungsebene ab. Die Effektivität dieser Maßnahmen hängt dabei jedoch direkt mit der Verlässlichkeit des zugrundeliegenden Betriebssystems zusammen. Ziel des hier vorgestellten dOSEK Betriebssystems ist es eine zuverlässige Ausführungsumgebung auch auf unzuverlässiger Hardware bereitzustellen.

Das Konzept basiert dabei auf zwei Säulen: konstruktive Fehlervermeidung und ergänzende Fehlertoleranz. Eine durchgängige Maßschneiderung des Betriebssystems auf die Anforderungen der jeweiligen Anwendungen erlaubt eine weitgehende Vermeidung von Fehlern und damit die Maximierung der inhärenten Robustheit. Verbleibende Fehlerstellen werden gezielt mittels Fehlererkennungstechniken in Form von arithmetischer Kodierung und Prüfsummenverfahren angegangen, wodurch sich die Zuverlässigkeit des Betriebssystems bis an die Grenzen der per Software handhabbaren Fehlerstellen ausweiten lässt.

Im hier betrachteten Anwendungsszenario wurde eine Fehlerreduktion um mehrere Größenordnungen, im Vergleich zu einem industriell eingesetzten OSEK System, erreicht. Nachteil der umgesetzten Fehlervermeidungs- und Fehlertoleranztechniken ist ein erhöhter Programmspeicherverbrauch sowie erhöhte Laufzeiten. Durch eine weitreichende statische Analyse über die Kern–Anwendungsgrenzen hinweg erlaubt hier jedoch den Mehraufwand deutlich zu reduzieren.

Quellcode und weitere Informationen

Der dOSEK Quellcode, sowie weitere Informationen sind auf der Projektseite https://www4.cs.fau.de/Research/dOSEK sowie Github https://github.com/danceos/dosek zugänglich.

Literaturverzeichnis

1. ERIKA Enterprise. http://erika.tuxfamily.org, visited 2014-09-29.
2. C. Dietrich, M. Hoffmann, and D. Lohmann. Cross-kernel control-flow-graph analysis for event-driven real-time systems. In *Proceedings of the 2015 ACM SIGPLAN/-SIGBED Conference on Languages, Compilers and Tools for Embedded Systems (LCTES '15)*, New York, NY, USA, June 2015. ACM Press.
3. M. Engel and B. Döbel. The reliable computing base: A paradigm for software-based reliability. In *Proceedings of the 1st International Workshop on Software-Based Methods for Robust Embedded Systems (SOBRES '12)*, Lecture Notes in Computer Science. Gesellschaft für Informatik, Sept. 2012.
4. P. Forin. Vital coded microprocessor principles and application for various transit systems. In *Proceedings of the IFAC IFIP/IFORS Symposium on Control, Computers, Communications in Transportation (CCCT '89)*, pages 79–84, Sept. 1989.
5. M. Hoffmann, C. Borchert, C. Dietrich, H. Schirmeier, R. Kapitza, O. Spinczyk, and D. Lohmann. Effectiveness of fault detection mechanisms in static and dynamic operating system designs. In *Proceedings of the 17th IEEE International Symposium on Object-Oriented Real-Time Distributed Computing (ISORC '14)*, pages 230–237. IEEE Computer Society Press, 2014.
6. M. Hoffmann, F. Lukas, C. Dietrich, and D. Lohmann. dOSEK: The design and implementation of a dependability-oriented static embedded kernel. In *Proceedings of the 21st IEEE International Symposium on Real-Time and Embedded Technology and Applications (RTAS '15)*, pages 259 – 270, Washington, DC, USA, 2015. IEEE Computer Society Press. Best Paper Award.
7. M. Hoffmann, P. Ulbrich, C. Dietrich, H. Schirmeier, D. Lohmann, and W. Schröder-Preikschat. Experiences with software-based soft-error mitigation using AN-codes. *Software Quality Journal*, 2014.

8. M. Hoffmann, P. Ulbrich, C. Dietrich, H. Schirmeier, D. Lohmann, and W. Schröder-Preikschat. A practitioner's guide to software-based soft-error mitigation using AN-codes. In *Proceedings of the 15th IEEE International Symposium on High-Assurance Systems Engineering (HASE '14)*, pages 33–40. IEEE Computer Society Press, Jan. 2014.

9. F. Irom and D. Nguyen. Single event effect characterization of high density commercial nand and nor nonvolatile flash memories. *IEEE Transactions on Nuclear Science*, 54(6):2547–2553, Dec 2007.

10. OSEK/VDX Group. Operating system specification 2.2.3. Technical report, OSEK/VDX Group, Feb. 2005. http://portal.osek-vdx.org/files/pdf/specs/os223.pdf, visited 2014-09-29.

11. H. Schirmeier, M. Hoffmann, C. Dietrich, M. Lenz, D. Lohmann, and O. Spinczyk. FAIL*: An open and versatile fault-injection framework for the assessment of software-implemented hardware fault tolerance. In P. Sens, editor, *Proceedings of the 11th European Dependable Computing Conference (EDCC '15)*, 2015. (To appear).

12. P. Ulbrich, M. Hoffmann, R. Kapitza, D. Lohmann, W. Schröder-Preikschat, and R. Schmid. Eliminating single points of failure in software-based redundancy. In *Proceedings of the 9th European Dependable Computing Conference (EDCC '12)*, pages 49–60, Washington, DC, USA, May 2012. IEEE Computer Society Press.

13. P. Ulbrich, R. Kapitza, C. Harkort, R. Schmid, and W. Schröder-Preikschat. I4Copter: An adaptable and modular quadrotor platform. In *Proceedings of the 26th ACM Symposium on Applied Computing (SAC '11)*, pages 380–396, New York, NY, USA, 2011. ACM Press.

Ein Fork-Join-Parallelismus in einer gemischt-kritischen Mehrprozessorumgebung

Marc Bommert

Hochschule RheinMain
Wiesbaden University of Applied Sciences, FB DCSM
marc.bommert@hs-rm.de

Zusammenfassung. Wir geben einen Einblick in unsere Fallstudie und präsentieren eine statische Software-Abbildung von Auslastungsinformation der Prozessoren eines Multicore-Systems. Diese Information wird auf hierarchisch untergeordneter Planungsschicht zum Zwecke der Segmentierung von parallelisierbaren Berechnungen nach einem Fork-Join-Prinzip benutzt. Ziel ist die Implementierung einer Untermenge des OpenMP-API zur Fork-Join-Parallelprogrammierung in einem Echtzeitsystem, welches diese Auslastungsinformation einerseits zum Zwecke der Optimierung heranziehen kann, andererseits auch ein deterministisches und simplifiziertes, d.h. einfach determinierbares, Verhalten ermöglicht.

1 Einführung

1.1 Fork-Join-Parallelismus mit OpenMP

Moderne Software-Gewerke profitieren in mehrfacher Hinsicht vom Einsatz von Multiprozessorplattformen: Einerseits können unabhängige Anwendungen tatsächlich parallel ausgeführt werden, andererseits können einzelne Anwendungen, entsprechende Algorithmen vorausgesetzt, mehrere Prozessoren zur Berechnung eines Ergebnisses heranziehen und somit kürzere Antwortzeiten erreichen.

Die Parallelisierung nach einem Fork-Join-Muster zweigt von einem sequentiellen Programm bei Bedarf zusätzliche Kontrollflüsse ab (fork), die parallel zum ursprünglichen Programmablauf Berechnungen anstellen, und deren Ergebnisse typischerweise nach der Wiedervereinigung der parallelen Fäden (join), im weiteren sequentiellen Programmfluss bereit stehen. Technologien wie Cilk [7], OpenCL und OpenMP sind in diesem Rahmen bedeutsame Konzepte. Die für diese Arbeit relevante Programmierschnittstelle OpenMP [1] abstrahiert den Fork-Join-Parallelismus mittels Compiler-Unterstützung, gesteuert mittels inkrementeller Annotation von bestehendem Programmcode durch Präprozessoranweisungen. Das zentrale OpenMP-Konstrukt ist die *parallelisierte for-Schleife*. Eine plattformabhängige Laufzeitumgebung bietet entsprechende Einsprungpunkte für den generierten Code an und implementiert die eigentliche Parallelisierungslogik auf transparente Weise. Grundlage jeder Parallelberechnung innerhalb der Laufzeitumgebung ist eine Menge vorzugsweise echt-paralleler Ausführungsfäden: Ein

Team aus *Worker-Threads*[1]. Das Laufzeitsystem allokiert diese Threads und bringt sie durch das unterliegende Betriebssystem auf einem Prozessor des SMP-Systems zur Ausführung. Kommunikation erfolgt über gemeinsamen Speicher.

1.2 Parallelisierte for-Schleife

Die Zuteilung der Iterationen einer mit OpenMP parallelisierten Schleife erfolgt nach dynamisch auswählbarem Verfahren *static*, *dynamic* oder *guided* entsprechend eines zugehörigen in der Spezifikation festgelegten Zuteilungsverhaltens. Ein zusätzlicher Platzhalter *auto* ermöglicht der konkreten Implementierung die freie Festlegung des exakten Verhaltens als *implementation defined*.

Im wesentlichen wird das Verfahren *static* dazu verwandt, in einer einzigen Verteilungsoperation den Iterationsraum der zu parallelisierenden Schleife der Größe N äquidistant auf- und den M beteiligten Worker Threads zuzuteilen, wie Abb. 1 idealisiert skizziert. Bei Austritt aus der parallelisierten Schleife werden die beteiligten Threads an einer Barrriere aufsynchronisiert, so dass sich in der Praxis hier ggf. Wartezeiten (*Inserted Idle Time*) einstellen, bedingt durch unterschiedliche Zeitpunkte des Schleifenaustritts. Im Gegensatz dazu haben die übrigen Verfahren *dynamic* und *guided* eine höhere Dynamik: Sie vergeben u.U. kleinere Teilbereiche des Iterationsraums an die Worker-Threads, und machen deshalb eine entsprechend größere Zahl von Verteilungsoperationen nötig. Ihr Zweck ist die Verminderung eben dieser Wartezeiten.

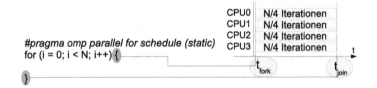

Abb. 1. Nach Variante *static* parallelisierte Schleife: Idealfall für $M = 4$ Kerne, $N = M * k$ ($k \in \mathbb{N}$) Iterationen werden verteilt.

2   Problemdefinition

2.1   Ideales und Tatsächliches Verhalten einer Fork-Join-Sequenz

Für parallelisierte Berechnungen gilt natürlicherweise ein Optimalitätskriterium: Werden alle M Teilprobleme exakt zum gleichen Zeitpunkt gelöst, so ist die Parallelisierung optimal. Die längste Berechnungsdauer $\max T$ aller Teilprobleme $T_m \in T : m = 0 \ldots M - 1$ ist demnach maßgeblich für die Berechnungsdauer

---

[1] Wir benutzen *Task* und *Thread* zur Vereinfachung synonym im Sinne von *Programmausführungsfaden*. *Task* ist sonst ganzheitlicher, etwa für *Programm in Ausführung*.

des Parallelsegmentes. Zusätzlich geht der Rechenzeitbedarf für die reine Organisation der Fork-Join-Sequenz als Overhead in die Gesamtausführungszeit ein.

Die optimale Antwortzeit einer (Fork-Join-)parallelisierten Berechnung, so auch der parallelisierten for-Schleife, ist in der Praxis kaum erreichbar. Ursächliche Faktoren hierfür sind:

- Statische/Architekturelle Faktoren, z.B. heterogene Prozessoren.
- Dynamische/Architekturelle Faktoren: Busarbitrierung, Speicherzugriff, E/A, Cache-Effekte, z.B. auch Translation Lookaside Buffers (TLBs), etc.
- Softwarespezifische Faktoren: Konkurrenz durch Multitasking, Verhalten von Betriebssystem-Scheduler und OpenMP-Runtime, Design der parallelisierten Algorithmen, usw.

Während dynamische Faktoren, die auf Hardware-Effekte zurückzuführen sind, kaum kontrolliert werden können, können auf der Software-Ebene durch geeignetes Systemdesign Fork-Join-Lasten *besser* verarbeitet werden, als in einer aus Standardkomponenten konstruierten Umgebung.

2.2   Zielsetzung

OpenMP wird gegenwärtig praktisch ausschließlich für Anwendungen mit einer Service-Qualität im Bereich *High Performance/Best Effort* benutzt. Das Detailverhalten des Frameworks ist dabei nebensächlich und durch den Entwickler im Zweifel unverstanden. Maßgeblich ist hier, dass eine mittlere Verbesserung von Durchsatz/Antwortzeit erzielt wird, und dass diese möglichst hoch ausfällt.

Wir untersuchen den Fork-Join-Parallelismus hingegen im Hinblick auf seine Verwendung in einem Echtzeitsystem. Die Flexibilität und Komplexität von OpenMP steht dem Einsatz in einem deterministischen Echtzeitsystem leider entgegen. Die sonst vorteilhafte Transparenz wirkt sich hier nachteilig auf die Verständlichkeit des Programmablaufs aus. Auch hat man in der Praxis ein Komplexitätsproblem: Der eigentliche Ablauf eines parallelisierten Programms wird durch dessen Algorithmen, der Parametrisierung und Implementierung der benutzten OpenMP-Laufzeitumgebung, des Detailverhaltens möglicherweise zwischenliegender Bibliotheken (POSIX, C-Bibliothek) und schließlich noch der Implementierung des Betriebssystems, bestimmt: Ein Software-Stapel, dessen Komplexität man sich bei der Entwicklung eines Echtzeitsystems nicht auflädt.

Diverse OpenMP-Funktionalität, z.B. *Nested Parallelism*, welche auf technischer Ebene stapelbare *Work-Sharing-Kontexte* benutzt, oder die Vergrößerung des verwalteten *Thread-Pools* basieren auf dynamischer Speicherverwaltung. In einem eingebetteten Echtzeit-Systemen verzichtet man zu Gunsten der Determinierbarkeit gerne darauf und parametrisiert vorwiegend statisch. Für viele Konstrukte des OpenMP-API ist ein deterministisches Verhalten herstellbar, wenn gewisse Einschränkungen und Festlegungen per Design vorgenommen werden.

Wir haben begonnen, ausgehend von der parallelisierten for-Schleife, ein rudimentäres OpenMP-Laufzeitsystem zu entwickeln, das die Möglichkeit eines

deterministischen Verhaltens bietet. Ein Ziel dieser Fallstudie ist es, ein zuge-
höriges Modell zu finden und gemeinsam mit der Software zu entwickeln, welches das Zeitverhalten qualitativ abbildet, und dieses kontinuierlich anzuwenden
und zu prüfen. Es gilt hierbei auch, den Parallelisierungsmechanismus in seiner
Komplexität möglichst einzuschränken, so dass die Hürde für eine Verwendung
im Kontext von Echtzeitsystemen gesenkt wird. Methodisch bedeutet dies, von
simplen Anwendungsfällen ausgehend, die einzelnen Konstrukte und zu Grunde
liegenden Mechanismen zu untersuchen, formalisiert zu notieren, und ihre Taug-
lichkeit für die Konstruktion eines Echtzeitsystems, d.h. ihre *Echtzeitfähigkeit*,
zu beurteilen. Wo sinnvoll, können eigene Mechanismen definiert, implementiert
und untersucht werden. So haben wir in einer vorangegangenen Arbeit [4] bereits
Verteilungsstrategien vorgeschlagen, die über die Standardmechanismen des API
hinausgehen, indem sie z.B. eine proportionale gewichtete Verteilung, im Rahmen eines OpenMP-*auto*, gemäß *statischer Auslastungsinformation* vornehmen.

2.3   Integration in Mixed-Criticality/Echtzeitsysteme

Untersucht wird hiermit auch insbesondere die Integration eines solchen Paral-
lelisierungs-Frameworks in ein Echtzeitsystem. Derartige Rechensysteme übernehmen zumeist gleichzeitig mehrere, voneinander unabhängige Aufgaben. Jede
Aufgabe ist dabei auf eine periodische oder sporadische Task abgebildet und hat
im Regelfall keinen hohen Berechnungsaufwand, aber u.U. hohe Anforderungen
an die Rechtzeitigkeit der Fertigstellung. Die gängige Variante zur Abbildung
solcher Anforderungen in einem Rechensystem besteht in einer *statischen oder
dynamischen Priorisierung* der Tasks zueinander. Rechenwillige Tasks mit hö-
herer Priorität werden bei der Prozessor-Zuteilung bevorzugt. Zahlreiche Pla-
nungsverfahren für Echtzeitsysteme sind auf fixe Prioritäten (FP) abbildbar.

Im Kontext gemischt kritischer Systeme [2] ist oftmals eine weitere ortho-
gonale Task-Hierarchie relevant. So ist für Software aus dem Safety-Bereich die
Folgenschwere eines Softwarefehlers u.U. maßgeblich für eine Kritikalitätseinstu-
fung, aus der sich der zu leistende Test- und Dokumentationsaufwand ableitet.
Zum vereinfachten Nachweis des *rückwirkungsfreien gemeinsamen Betriebes* von
Tasks verschiedener Kritikalität kommen hier u.U. *partitionierende Betriebssysteme* zum Einsatz. Partitionierung erlaubt die garantierte und exklusive Zuweisung von Mengen aus Systemressourcen, darunter Rechenzeit, und verhindert
die Propagierung von Fehlern, die insbesondere von weniger kritischen Task-
Gruppen ausgeht. So stellt die Partitionierung die Ressourcenverfügbarkeit und
die Isolation gegenüber weniger kritischen Partitionen sicher. In praktisch allen
Fällen haben besonders kritische Tasks/Partitionen auch besonders hohe Sche-
duling-Priorität, grundsätzlich handelt es sich jedoch um unabhängige Konzepte.

Im Bereich der Ablaufplanungen, des *Scheduling*, manifestiert sich das Parti-
tionierungskonzept ggf. auch in einer Hierarchie von Verfahren: In Kombination
mit per-CPU partitionierten Echtzeit-Tasks bildet ein Fork-Join-Verfahren, das
mit je genau einem Worker-Thread pro Prozessor arbeitet, semantisch bereits
eine eigene, untergeordnete Scheduling-Schicht, wie Abbildung 2 darstellt.

CPU0	CPU1	CPU2	CPU3
P-FP	P-FP	P-FP	P-FP
Determinierbare Fork-Join-Task(s)			
Best Effort (global)			

Abb. 2. Scheduling-Hierarchie: Der Fork-Join-Parallelismus wird einer partitionierten Ablaufplanung nach fixen Prioritäten (FP) untergeordnet und muss mit deren übrigen heterogenen Restkapazitäten umgehen. Die unterste Schicht ist der Vollständigkeit halber dargestellt und führt Nicht-Echtzeit-Tasks *global* und *best effort* aus.

Auf der höchsten Ebene in einer solchen Hierarchie wird pro Prozessor ein Task-Set zur Ausführung gebracht. Es handelt sich um Tasks, die teilweise zeitkritische Aufgaben übernehmen und deshalb in ihrem Zeitverhalten sehr gut verstanden sind (RMS, EDF). Der Wort-Case-Fall dieser partitionierten Pseudo-Single-Core-Schedules ist berechenbar. Frühestens auf einer zweiten, unterlagerten Ebene in der Scheduling-Hierarchie (Abb. 2) kann ein Parallelismus sinnvoll in einem Echtzeitsystem eingesetzt werden. Dieser Parallelismus muss, im Gegensatz zum idealen Beispiel in Abbildung 1, mit heterogenen Rechenzeitbudgets umgehen, die durch die übergeordnete Schicht nicht verbraucht werden.

2.4 Auslastungsfunktion

Zwar variieren die von der höchst-privilegierten Scheduling-Schicht ungenutzen Rechenzeiten vermutlich stark und sind nur im WCET-Fall bekannt, dennoch kann es sinnvoll sein, diese Auslastungsinformation bekannt zu machen und in die Parallelisierungslogik einzubeziehen. Wir definieren deshalb eine Auslastungsfunktion u, die für jeden Prozessor des Systems die Worst-Case-Auslastung wiedergibt und für beliebige Zeiträume konsultiert werden kann.

Eine solche Funktion u ist nicht für jedes System abbildbar. Extrem disharmonische Systeme, bei denen eine kleinste gemeinsame Periodendauer aller Tasks im System sehr groß ist, sind mutmaßlich nicht effizient handhabbar. Eine gewisse Harmonie zwischen den partitionierten Schedules wird daher vorausgesetzt und bestimmt die *Hyperperiode* des Gesamtsystems, und somit auch die Periode der Auslastungsfunktion. Es ist für diese Funktion unerlässlich, eine konsistente Auffassung von der Systemzeit zwischen den an der Parallelisierung beteiligten Prozessoren zu haben. Seitens des verwendeten Betriebssystems ist daher sicher gestellt, dass die Ablaufsteuerungen per CPU zueinander synchronisiert sind.

2.5 Verwandte Arbeiten

Eine sehr große Zahl von Arbeiten beschäftigen sich mit parallelem Rechnen im weiteren Sinne. Unseres Wissens verfolgt keine einen Ansatz wie den vorgestellten. Das Modell einer Scheduling-Hierarchie für gemischt-kritische Systeme ist inspiriert durch MC^2 [5]. [3] arbeitet mit einem OpenMP-teilkompatiblem Fork-Join-Betriebssystem mit Echtzeitanspruch. Die Zerlegung teilbarer Lasten in verteilten Systemen ist Gegenstand der Divisable Load Theory [6].

3   Design und Implementierung der Auslastungsfunktion

Die Erhebung der Auslastungsinformation für den Worst-Case-Fall erfolgt auf
Basis einer eigens erstellten Offline-Simulation der partitionierten Schedules. Die
Echtzeit-Tasks werden je Prozessor mit folgenden Parametern bekannt gemacht:
Periodendauer, Priorität, Worst Case Execution Time, sowie evtl. Deadline und
Offset/Phase. Je simuliertem Prozessorkern wird festgelegt, ob Scheduling nach
fixen Prioritäten (FP) oder nach dem Earliest-Deadline-First-Verfahren (EDF)
angewandt werden soll. Die Simulation geht von einem idealen System aus, in
dem z.B. ein Kontextwechsel zwischen zwei Tasks keine Kosten verursacht, ist
aber entsprechend vorbereitet, um hier auch einen beliebigen konstanten Berechnungsaufwand zu berücksichtigen.

Zunächst berechnet der Algorithmus die Gesamtperiodizität des Systems in
Form einer Hyperperiodendauer über alle im System enthaltenen Tasks. Über
diesen Zeitraum wird simuliert, danach wiederholt sich das Systemverhalten, und
somit auch die Systemauslastungssituation zyklisch. Zur effizienteren Software-
Abbildung wird die Prozessorhyperperiode unterschieden. Sie ist die kleinste
gemeinsame vielfache Dauer der Task-Perioden des Task-Sets, welches einem
bestimmten Prozessor zugeordnet ist. Die (System-)Hyperperiode hingegen ist
wiederum die kleinste gemeinsame vielfache Dauer aller Prozessorhyperperioden
und somit aller Task-Einzelperioden im gesamten System. Für die Zeitauflösung
der Simulation wurden Nanosekunden gewählt, sie kann jedoch mit beliebigen
Auflösungen umgehen. Die bereitgestellten Daten codieren die Information, ob
ein bestimmter Prozessor zu gegebenem Zeitpunkt ausgelastet, *OCCUPIED*[2],
oder ob er *IDLE* ist.

Listing 3. C-Code: Iterative Suche im Tupelfeld mit logarithmischem Aufwand

```
1  int* find_logarithmic(uint* start, uint* end, uint tick) {
2   uint* mid;
3   assert(tick < GET_TIMESTAMP(*end));
4   while (1) {
5    mid = start + ((end - start) >> 1); /* split array and repeat for the proper
           part .. */
6    if (mid == start) {
7     assert(GET_TIMESTAMP(*start) <= tick);
8     return start; /* only one element was left, this must be the hit */
9    }
10   /* split array, discard one part & repeat for the other */
11   if (GET_TIMESTAMP(*mid) > tick) {
12    end = mid;
13   } else {
14    start = mid;
15 }}}
```

Die Bereitstellung der Auslastungsinformation in Software zur Nutzung durch
den Fork-Join-Parallelismus ist ein grundlegendes Element der entwickelten Par-
allelisierungsstrategien. Für jedes beliebige Intervall innerhalb der Systemhyper-
periode soll die Auslastung jeweils eines Prozessors bekannt gemacht werden. Der

---

[2] im Worst-Case

Rechenaufwand zur Abfrage der Auslastungsinformation sollte relativ klein sein, wobei auf eine Speicher-effiziente Abbildung ebenso Wert zu legen war.

Die Wahl fiel auf eine Generierung der Funktion als Folge von Timestamp-Tupeln (t_o, t_i). Jeder Zeitstempel t_o beschreibt einen Wechsel des Prozessorstatus von IDLE nach OCCUPIED. Jeder Zeitstempel t_i einen Wechsel zurück zu IDLE. Es existiert stets eine gerade Anzahl Zeitstempel in der Folge, u.U. wird ein terminierender Pseudo-Eintrag generiert. Als Datentyp wurden 4-Byte vorzeichenlose Ganzzahlen gewählt, was die Prozessorhyperperiodendauer, bedingt durch die gewählte Auflösung, auf 4,29 Sekunden beschränkt. Bei Bedarf nach längeren Abbildungen kann wahlweise ein breiterer Datentyp verwendet werden, oder die Auflösung global vermindert werden, z.B. auf [10ns]. Die Abfragefunktionalität besteht aus zwei Teilen: Die in Listing 3 in vereinfachtem C-Quellcode abgedruckte Funktion sucht auf dem Feld der Zeitspempel einen gewünschten Eintrag, während die Funktion in Listing 4 die eigentlichen Wertedifferenzen bildet und über den angeforderten Bereich hinweg akkumuliert.

Listing 4. Pseudo-Code: Akkumulation der Auslastung über beliebigen Bereich. Verwendung von Funktion find_logarithmic() aus Listing 3

```
1  // Parameter:      OFFSET; LEN
2  // Benutzte Daten: CORE_HYPERPERIOD; ARRAY_OF_TIMESTAMP_TUPELS (OCCUPIED, IDLE)
3  // RETURN VALUE:    UTILIZATION [ 0 .. LEN ]
4
5  1) OFFSET = OFFSET MODULO CORE_HYPERPERIOD
6  2) Suche des Start-Zeitstempels OFFSET aus Feld ARRAY_OF_TIMESTAMP_TUPELS via
        find_logarithmic().
7  3) Wird ein IDLE-Eintrag gefunden, zum nachfolgenden OCCUPIED-Eintrag
        voranschreiten, dabei einen eventuellen Ueberlauf behandeln.
8  4) Solange (weniger als LEN Nanosekunden inspiziert wurden)
9     {
10    5)   Beruecksichtige die Differenz zwischen diesem OCCUPIED-Eintrag und dem
             nachfolgenden IDLE-Eintrag fuer den Rueckgabewert, im ersten Zyklus u.U.
             nach oben hin beschraenkt durch OFFSET.
11    6)   Schreite fort zum naechsten OCCUPIED-Eintrag, behandle einen eventuellen
             Ueberlauf.
12    }
```

4   Evaluation

4.1   Mikro-Benchmarks

Der derzeitige Stand der Evaluation beschränkt sich auf einfache Messreihen, um die Eignung des Ansatzes zu zeigen. So ist von Interesse, mit welchen Kosten die Auslastungsfunktion konsultiert werden kann. Diese Kosten hängen von zwei sich überlagernden Faktoren ab: A: Der Breite des Zeitbereiches innerhalb der Hyperperiode, für den die Auslastung ermittelt werden soll, d.h. Parameter *LEN* aus Listing 4 bzw. die Anzahl der relevanten (OCCUPIED, IDLE)-Tupel für diesen Bereich. Diese Komponente verursacht linearen Aufwand. Und B: Der Anzahl der Zeitstempel in der Liste insgesamt. Diese Komponente verursacht logarithmischen Aufwand. Sie ergibt sich aus der Struktur/Komplexität der durch die Auslastungsfunktion u abgebildeten Ablaufplanung.

Tabelle 1. Mikro-Benchmarks der Funktionen aus Listing 3 und 4. HP entspricht der Hyperperiodendauer. Ergebnisse aus 10000 Durchläufen.

Anzahl Tupel	Bereich der Abfrage	Dauer [TSC Ticks]([ns])		
		Minimum	Maximum	Mittel
512	0 .. (HP - 1)	15573(5001)	17720(5690)	15737(5053)
1024	0 .. (HP - 1)	31372(10074)	33839(10867)	31785(10207)
2048	0 .. (HP - 1)	62371(20030)	64516(20718)	62741(20148)
4096	0 .. (HP - 1)	124729(40055)	126924(40760)	125150(40191)
512	(HP - 2) .. (HP - 1)	390(125)	810(260)	416(133)
1024	(HP - 2) .. (HP - 1)	445(142)	855(274)	478(153)
2048	(HP - 2) .. (HP - 1)	478(153)	979(314)	500(160)
4096	(HP - 2) .. (HP - 1)	566(181)	1189(381)	594(190)
4096	0 .. (10% * HP)	12558(4032)	14617(4694)	12720(4084)
4096	0 .. (20% * HP)	24947(8011)	27063(8691)	25129(8070)
4096	0 .. (30% * HP)	37450(12026)	39516(12690)	37695(12105)
4096	0 .. (40% * HP)	49848(16008)	52190(16760)	50183(16115)

Tabelle 1 zeigt einige Messungen des Laufzeitverhaltens des Algorithmus' aus Listing 3 und 4. Wir variieren in den mittleren vier Zeilen fast ausschließlich den Suchaufwand (B), in den letzten vier Zeilen den Abfrageaufwand (A), und in den ersten vier Zeilen beide Komponenten, und können den erwarteten Einfluss weitgehend aus den Messwerten entnehmen. Der lineare Einfluss der Breite des Abfragebereiches auf die Komplexität wiegt offenbar um ein Vielfaches schwerer, als die relativ günstige logarithmische Suche im Feld.

Als Evaluationsplattform dient die Achtkern-Desktop-CPU AMD FX 8120 mit 8 4-Wege-Set-assoziativen L1-Daten-Caches je 16KB. Das bedeutet, die L1-Größe ist mit 2048 aufeinanderfolgenden Tupeln genau erreicht. Ein Cache-Einfluss ist bei einem sequentiellen Zugriffsmuster nicht zu erwarten und in Tabelle 1 auch nicht sichtbar. Auffällig ist jedoch, dass die zu erwartende lineare Steigerung zwischen den Zeilen 5 und 8 nicht erreicht wird. Stattdessen ist der Aufwandsunterschied zwischen 1024 und 2048 Tupeln hier eher gering, verglichen mit den anderen beiden Anstiegen. Vor jeder Einzelmessungen wurden die Caches in Unordnung versetzt, um einen Aufwärmeffekt möglichst nicht mit abzubilden.

Wir können folgern, dass diese Form der Darstellung von Auslastungsinformation insbesondere für einfache, harmonische Schedules zu relativ geringen Kosten machbar ist. Die Abfrage eines vollständigen Feldes aus 8192 Zustandswechseln (OCCUPIED nach IDLE oder umgekehrt) kostet per Prozessor auf unserer Evaluationsplattform ca. $40\mu s$. Für ein Achtkernsystem würden für ein komplettes Auslastungsabbild ca. $>= 320\mu s$ fällig. Diesen Kosten steht die Einsparung gegenüber, die man mit einem gewichteten statischen Verteilungsverfahren [4] gegenüber einer naiven statischen Verteilung (Abb. 1) erzielt. Ein entsprechend langes Parallelsegment vorausgesetzt, ist dieser Mehraufwand gerechtfertigt. Hier zeigen sich jedoch auch klar die Grenzen des Verfahrens: Der Aufwand steigt linear mit der Anzahl der Prozessoren des Systems. Vor allem auch im Hinblick auf weniger leistungsfähige Embedded-Rechner, drückt sich in

8192 Auslastungs-Einträgen bereits eine nicht mehr handhabbare Komplexität der übergeordneten Ablaufplanung aus. Die lineare Komponente der Kosten zur Auslastungsabfrage scheint jedoch zumindest insofern akzeptabel zu sein, als das das Optimierungspotential ebenfalls linear mit der Dauer eines Parallelsegmentes wächst.

Tabelle 2. Eine Fork-Join-parallelisierte Berechnung nach verschiedenen Verfahren mit und ohne Last. $N = 800$; $M = 8$. δt_{stop} gibt Auskunft über die Inserted Idle Time.

Ausführung	Last	Laufzeit$[ns]$	Speedup	$\delta t_{start}[ns]$	$\delta t_{stop}[ns]$	overhead$[ns]$
sequentiell	keine	112614666	-	-	-	-
par. statisch	keine	19941334	464%	22200	44119	641
par. statisch	Task-Sets	24583165	358%	26147	4790057	232
par. gewichtet	Task-Sets	23459024	380%	25656	3458662	1218

4.2   Erweiterte Testumgebung

Abbildung 3 zeigt die Struktur des zur Evaluation konstruierten Testbettes. Auf Basis einer Betriebssystem-Eigenentwicklung wurde die Scheduling-Hierarchie gemäß Abb. 2 aufgebaut. Wir haben eine synthetische Lastgenerierung implementiert, die versucht, stets möglichst genau die jeweils parametrisierte WCET auszunutzen. Das OpenMP-Testprogramm linkt gegen unsere minimale OpenMP-Runtime, die die Auslastungsinformation wiederum statisch einbettet. Ein minimal-invasives Tracing erlaubt die detaillierte Offline-Auswertung.

Tabelle 2 zeigt eine Messung in diesem Testbett. Subjekt der Messung sind jeweils 800 Iterationen einer primitiven langen Instruktionssequenz. Wir messen die sequentielle Ausführungsdauer und bestimmen dann den Performance-Zuwachs (Speedup) durch Parallelisierung für zwei Strategien: Die statische naive Parallelisierung aus Abb. 1 und unsere gewichtete statische Parallelisierung [4]. Wir betrachten je den Fall ohne höher-priore Last und mit höher-priorem dünn besetztem Task-Set auf jedem Prozessor: CPU0 wird durch eine zweite Task (Auslastung 3/40) stärker ausgelastet als die übrigen sieben Prozessoren, die identische Task-Sets ausführen (Auslastung je 2/40). Wir geben die höchsten Differenzen je aller Worker-Thread-Start- δt_{start} und Stop-Ereignisse δt_{stop} an.

Diese Einzelmessung soll eine qualitative Aussage über den Einsatz der Auslastungsinformation machen: Wir sehen unter Last einen Performance-Zuwachs gegenüber der naiven statischen Verteilung, wenn auch nur einen geringen. Das Optimierungspotential ist in diesem Beispiel bewusst nicht ausgeschöpft, die Erläuterung würde den Rahmen sprengen. Umfangreiche systematische Messungen und deren Auswertungen sind ausstehend.

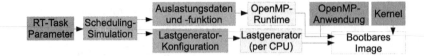

Abb. 3. Testumgebung Blockdiagramm: Beteiligte Komponenten und Abhängigkeiten

5 Zusammenfassung und Ausblick

Wir haben in dieser Arbeit einen Ausschnitt unseres laufenden Vorhabens präsentiert, eine rudimentäre OpenMP-konforme Fork-Join-Schnittstelle in einem Echtzeitsystem bereit zu stellen und zu untersuchen. Die Integration in ein Echtzeitsystem birgt dabei einerseits ein gewisses Optimierungspotential, andererseits sieht der verfolgte Ansatz auch vor, einen determinierbaren Programmablauf zu gewährleisten. Letzteres wird einerseits erreicht, indem die Abläufe möglichst einfach gestaltet, explizit gemacht, und statisch limitiert werden. Andererseits, indem statische WCET-Systemauslastungsinformation zur Segmentierung der Fork-Join-Lasten verwendet wird und somit für den WCET-Fall eine garantiert noch einplanbare Kombination geeignet segmentiert wird. Der konkrete Beitrag ist die Beschreibung und Implementierung eines Software-technischen Abbildungsverfahrens für Auslastungsinformation, so dass sie für beliebige Intervalle innerhalb einer Hyperperiode bereitgestellt wird. Es wurde eine einfache Kosten-Nutzen-Bewertung dieses Verfahrens vorgenommen und seine Brauchbarkeit gezeigt, aber auch die Grenzen erörert. Wir haben unsere Evaluationsumgebung vorgestellt, in der zukünftig systematische Messreihen geplant sind, und exemplarisch und rein qualitativ gezeigt, dass unser Verfahren eine Verbesserung der Einplanbarkeit des Fork-Join-Parallelsegmentes erreicht.

Der entwickelte Mechanismus soll zukünftig für weitere OpenMP-Konstrukte benutzt werden, um auch diesen ein deterministisches/optimierendes Verhalten abzuverlangen. Auch werden API-Erweiterungen vorgenommen werden müssen.

Literaturverzeichnis

1. OpenMP Architecture Review Board: OpenMP Application Program Interface
2. Alan Burns and Robert I. Davis: Mixed Criticality Systems - A Review (Fifth Edition), University of York, 2015
3. Qi Wang and Gabriel Parmer: FJOS: Practical, Predictable, and Efficient System Support for Fork/Join Parallelism, The George Washington University, 2014
4. Marc Bommert: Schedule-aware Distribution of Parallel Tasks in a Mixed Criticality Environment in *Junior Workshop on Realtime Computing*, JRWRTC '13
5. Mollison, Erickson, Anderson, Baruah, Scoredos: Mixed-Criticality Real-Time Scheduling for Multicore Systems in *Proceedings of the 2010 10th IEEE International Conference on Computer and Information Technology*, CIT '10, 2010
6. Bharadwaj, V., D. Ghose, and T. G. Robertazzi: Divisible Load Theory: A New Paradigm for Load Scheduling in Distributed Systems, Special Issue on Divisible Load Scheduling in Cluster Computing, Kluwer A.P., Vol. 6, No. 1, pp. 7-18, 2003.
7. Randall: Cilk: Efficient Multithreaded Computing, Ph.D. Thesis, MIT, 1998

React in Time: Ereignisbasierter Entwurf zeitgesteuerter verteilter Systeme

Florian Franzmann[1], Tobias Klaus[1], Fabian Scheler[2],
Wolfgang Schröder-Preikschat[1] und Peter Ulbrich[1]

[1] Lehrstuhl für Verteilte Systeme und Betriebssysteme
Friedrich-Alexander-Universität Erlangen-Nürnberg (FAU), Erlangen
{franzmann|klaus|wosch|ulbrich}@cs.fau.de
[2] Process Industries and Drives
Siemens AG, Nürnberg fabian.scheler@siemens.com

Zusammenfassung. Die Analyse und Verifikation von Echtzeitsystemen profitiert von einer zeitgesteuerten Implementierung. Jedoch erweist sich aus Entwicklersicht der ereignisorientierte Entwurf als deutlich flexiblerer und einfacher. Diese Arbeit stellt einen Ansatz zur automatisierten Analyse von existierenden Echtzeitsystemen, deren Überführung in eine abstrakte Zwischendarstellung sowie die anschließende Abbildung auf zeitgesteuerte (verteilte) Mehrkernsysteme vor[1].

1   Einleitung

Entwurfsentscheidungen haben typischerweise starke Auswirkungen auf das zeitliche Verhalten (Termintreue, Latenzen, Jitter, ...) des zu entwickelnden Echtzeitsystems. Neben der Abbildung der eigentlichen Echtzeitanwendung auf Arbeitsaufträge und deren Koordinierung, betrifft dies vor allem die Wahl eines der beiden Echtzeitparadigmen sowie eines geeigneten Echtzeitbetriebssystems. Gerade diese frühen Entwurfsentscheidungen bestimmen den weiteren Verlauf der Entwicklung und die Eigenschaften des Gesamtsystems maßgeblich.

Die Entscheidung zwischen dem *ereignis-* und dem *zeitgesteuerten* Paradigma kann eine philosophische sein. Unbestreitbar haben jedoch beide Ansätze ihre individuellen Vor- und Nachteile: Zeitgesteuerte Echtzeitsysteme bieten beispielsweise einen konstruktiven Ansatz für die Verifikation des Systems. Ein gültiger Ablaufplan impliziert bereits die korrekte Erfüllung der zeitlichen Anforderungen wie auch der Abhängigkeiten zwischen Arbeitsaufträgen. Durch die vorgezogene Ablaufplanung entfallen zudem die sonst notwendige komplexe Laufzeitumgebung und Ereignisbehandlung, wodurch letztlich auch die statische Analyse und Vorhersage von nichtfunktionalen Eigenschaften, insbesondere der *maximale Ausführungszeit* (WCET) des Systems, signifikant erleichtert wird. Durch das

---

[1] Diese Arbeit wurde durch die Deutsche Forschungsgesellschaft (DFG) unter Nr. SCHR 603/9-1 und dem Bayrischen Staatsministerium für Wirtschaft (EU EFRE) unter Nr. 0704/883 25 gefördert. Autoren erscheinen in alphabetischer Reihenfolge.

für die statische Ablaufplanung notwendige Vorabwissen stellt das zeitgesteuerte Paradigma hingegen typischerweise höhere Anforderungen an den Systementwurf, da kein expliziter Zusammenhang zwischen Ereignis und Behandlung existiert. Im Gegensatz dazu orientiert sich ereignisbasierte Entwurf vorrangig an der Ereignisbehandlung und ist daher typischerweise intuitiver in seiner Umsetzung. Durch die Ablaufplanung und Koordinierung zu Laufzeit ist zudem weniger Vorabwissen notwendig. Die entstehende Flexibilität wirkt sich jedoch nachteilig auf die Vorhersagbarkeit und Verifizierbarkeit aus. Analog zu der Wahl des Echtzeitparadigmas haben auch das Echtzeitbetriebssystem beziehungsweise die Ausführungsplattform einen signifikanten Einfluss auf die nichtfunktionalen Eigenschaften des Echtzeitsystems.

Einen wesentlichen Aspekt dieser Problematik stellen die weitreichenden Auswirkungen und die praktische Unumkehrbarkeit initial getroffener Entwurfsentscheidungen dar: Ein ereignisgesteuertes System lässt sich beispielsweise nicht ohne weiteres in ein zeitgesteuertes System überführen und umgekehrt. Die zuvor genannten Vorteile der einfachen Verifizierbarkeit beziehungsweise des intuitiven und flexiblen Entwurfs schließen sich somit praktisch gegenseitig aus.

Von diesem Standpunkt aus betrachtet ist eine Entkopplung der Entwurfsentscheidungen und ihren Auswirkungen auf die temporalen beziehungsweise nichtfunktionalen Eigenschaften im Allgemeinen wünschenswert. Eine mögliche Lösung liegt in der ereignisbasierten Entwicklung und anschließenden Abbildung auf eine zeitgesteuerte Laufzeitumgebung. Die sich hieraus ergebene Forschungsfrage bezieht sich auf eine Transformation von Echtzeitsystemen unter Beibehaltung der temporalen Invarianten (Abhängigkeiten und Termine). Diese Arbeit widmet sich den hierfür notwendigen Ansätzen zur Analyse und abstrakte Darstellung von Echtzeitsystemen, der Manipulation von nichtfunktionalen Eigenschaften sowie deren Abbildung auf eine gewünschte Zielplattform. In Kapitel 2 wird hierfür das Konzept der *Atomaren Basisblöcke* (ABB) sowie der *Real-Time Systems Compiler* (RTSC) zur automatisierten Analyse von ereignisgesteuerten Echtzeitsystemen eingeführt. Darauf aufbauend widmet sich Kapitel 3 der Abbildung und Kolokalisierung von ereignisgesteuerten Echtzeitsystemen auf ein zeitgesteuertes Mehrkernsystem. Schließlich gibt Kapitel 4 einen Ausblick auf die Problemstellungen und Lösungsvorschläge für eine Verteilung der Echtzeitanwendung in einem zeitgesteuerten verteilten System.

2   Abstrakte Darstellung von Echtzeitsystemen

Um auf Echtzeitsystemen Transformation ausführen zu können, die deren Invarianten – insbesondere den gerichteten und ungerichteten Abhängigkeiten sowie den Terminen – nicht verletzen, sind diese zunächst in eine abstrakte *Zwischendarstellung* zu überführen, welche die zugrundeliegenden strukturellen Eigenschaften des Echtzeitsystems vollständig erfasst. Hierzu muss das Echtzeitsystem in *Atomare Basisblöcke* zerlegt werden, die sich von Synchronisationspunkt zu Synchronisationspunkt erstrecken und so die Interaktion der Echtzeitanwendung mit dem Betriebssystem erfassen. Jeder dieser ABBs setzt sich aus mehreren *Ba-

sisblöcken zusammen. Diese wird aus dem Quellcode der Anwendung durch ein Übersetzerwerkzeug extrahiert und mit Hilfe eines *Systemmodells* um zeitliche Informationen und die Besonderheiten des verwendeten *Quellbetriebssystems* ergänzt. ABBs sind durch implizite Abhängigkeiten miteinander verbunden, die in Form gerichteter Kanten den aus den Basisblöcken extrahierten *lokalen Kontrollflussgraphen* nachzeichnen. Explizite Abhängigkeiten, im Quellsystem noch durch Systemaufrufe des Echtzeitbetriebssystems dargestellt, verbinden diese lokalen ABB-Graphen zum *globalen* ABB-Graph, der das Echtzeitsystem abstrakt und ohne Abhängigkeiten zum ursprünglichen Quellbetriebssystems beschreibt.

Ein Teil dieses Beitrags ist der *Real-Time Systems Compiler*, ein übersetzerbasiertes Werkzeug, das ABB-Graphen aus dem Quellcode der Anwendungssoftware extrahiert und Transformationen auf diesem vornimmt. Ergebnis der Transformation ist ein zeitlich analysiertes, vollständiges und auf der gegebenen Zielarchitektur ausführbares Echtzeitsystem. Ein Beispiel hierfür ist die Umwandlung eines ereignisgesteuerten in ein zeitgesteuertes Echtzeitsystem unter Erhaltung der relevanten Invarianten. Der RTSC erkennt hierbei auch, ob das Echtzeitsystem tatsächlich planbar ist. Eine Aussage die aus der ereignisgesteuerten Implementierung nicht ohne weiteres hervorgeht.

3 Multicore

Ein Trend der jüngeren Vergangenheit ist der verbreitete Einsatz von Mehrkernarchitekturen auch in sicherheitskritischen Einsatzbereichen. In der Automobiltechnik werden zum Beispiel bislang für sich stehende Echtzeitanwendungen zunehmend auf leistungsfähigere Steuergeräte konsolidiert um Gewicht und Kosten einzusparen. Hierbei ergibt sich das Problem, dass Anwendungen mit unterschiedlichen Anforderungen bezüglich funktionaler Sicherheit nunmehr gemeinsam auf dem selben Rechenknoten zur Ausführung kommen. In der Folge ergibt sich die Sicherheitseinstufung des Steuergeräts aus der kritischsten Anwendung, mit entsprechend negativen Auswirkungen hinsichtlich des Entwicklungsaufwands, der Zertifizierung und der hierdurch entstehenden Kosten. Alternativ ist eine strikte temporale und räumliche Isolation der Anwendungen untereinander erforderlich. Neben der gängigen, jedoch ressourcenintensiven, Partitionierung des Systems, eignet sich hier insbesondere die taktgesteuerte Umsetzung um einerseits die notwendige zeitlichen Abschottung der Anwendungen untereinander zu garantieren und andererseits die zeitliche Verifizierbarkeit des Gesamtsystems zu verbessern.

An dieser Stelle spielt der RTSC seine Vorteile aus. Er erlaubt die Analyse auch von bereits existierenden ereignisgesteuerten Echtzeitsystemen sowie deren Abbildung auf zeitgesteuerte Echtzeitsysteme. Räumliche Isolation kann z. B. durch Speicherschutzmassnahmen erreicht werden, die ebenfalls vom RTSC eingewebt werden könnten.

Die vom RTSC verwendete Zwischendarstellung erleichtert es, Echtzeitanwendungen auf eine Mehrkernarchitektur abzubilden. Das Systemmodell des RTSC enthält jegliche Information, die für eine *rechtzeitige* Ausführung aller

Aufgaben erforderlichen ist (Termine, Perioden, minimale Zwischenankunftzeiten, zeitliche Schwankung), während die ABB-Graphen die Abhängigkeiten zwischen einzelnen Aufgaben (gerichtet sowie gegenseitiger Ausschluss) repräsentieren und so den globalen Kontrollflussgraph abbilden.

Zwar erzeugt die Zerlegung in ABBs eine Last, die prinzipiell planbar ist, jedoch stellt der RTSC noch nicht alle Mittel bereit, die für die Ablaufplanung für Mehrkernsysteme erforderlich sind. Die Auswahl dieser Mittel und ihre Anpassung an die besonderen Gegebenheiten des RTSC sind Thema dieses Abschnitts. Das Ergebnis ist der *Real-Time Systems Compiler for Multicore* (RTSC:MP).

3.1   Forschungsfrage

Das Ziel des RTSC:MP ist es, eine Last auf einem Mehrkernsystem einzuplanen, die aus mehreren wechselseitig abhängigen Aufgaben besteht. Hierzu sind folgende Bausteine notwendig:

1. Ein Algorithmus, der entscheidet, welcher ABB auf welchem Prozessorkern ausgeführt wird. Diese Entscheidung muss so getroffen werden, dass es möglich ist, einen *durchführbaren* Ablaufplan für diese Zuteilung zu finden, d. h. alle Termine müssen eingehalten werden. Der Algorithmus sollte in der Lage sein, die durch die gerichteten und ungerichteten Abhängigkeiten bestimmte Rangordnung der ABBs bei der Zuteilungsentscheidung zu berücksichtigen.
2. Ein Ablaufplanungsalgorithmus, der mit Einzel- und Mehrkernsystemen umgehen kann, und der sich in Zukunft so erweitern lässt, dass die Last auch auf verteilte Systeme abgebildet werden kann.

Beide Algorithmen sollen außerdem für das im RTSC verwendete Systemmodell geeignet sein oder die Zwischendarstellung des RTSC sollte entsprechend der Erwartungen der Algorithmen anpassbar sein. Sowohl das Zuweisungs- als auch das Planungsproblem sind NP-hart, weswegen es wichtig ist, dass die Algorithmen akzeptables Verhalten in Bezug auf Zeit- und Speicherbedarf aufweisen. Hierbei ist von Interesse welche Anpassungen am RTSC und den Algorithmen notwendig sind damit diese hier eingesetzt werden können.

3.2   Theoretischer Hintergrund

Die in der Literatur beschriebenen Algorithmen sind zum Großteil entweder nicht optimal[2] [3] oder sehen nicht vor, dass das Echtzeitsystem Abhängigkeiten enthält [2, 4, 6]. Globales oder gebündeltes *Earliest Deadline First* (EDF) sind partitioniertem EDF in Bezug auf die Planbarkeit unterlegen, solange keine Abhängigkeiten vorhanden sind. [2] Um dem Entwickler zuverlässige Rückmeldung geben zu können ist es erforderlich optimale Zuweisungs- und Ablaufplanungsalgorithmen zu verwenden, auch wenn dies bedeutet, dass die Laufzeit und der Arbeitsspeicherbedarf im Vergleich zu Heuristiken größer ist. Deswegen kommt

---

[2] Sofern eine durchführbare Lösung für das Ablaufplanungs- bzw. Zuweisungsproblem existiert, wird diese durch den Algorithmus stets gefunden.

im RTSC der Zuweisungsalgorithmus von Peng et al. [5] und der Ablaufplanungsalgorithmus von Abdelzaher et al. [1] zum Einsatz. Beide Algorithmen erreichen ihre Optimalität dadurch, dass sie nach dem Prinzip der *Verzweigen-und-Begrenzen-Suche* (B&B) funktionieren.

Zuweisung: Der im RTSC verwendete Zuweisungsalgorithmus erzeugt zunächst eine leere Lösung. Von dieser werden dann nach und nach verfeinerte Lösungen abgeleitet, indem jeweils ein weiterer ABB den Prozessoren zugewiesen wird. Innere Knoten des Suchbaums sind somit noch keine Kandidaten für eine vollständige Zuweisung, da erst in den Blatt-Knoten jeder ABB genau einem Prozessorkern zugewiesen ist. Als Kostenfunktion zur Bewertung der Lösungen dient die *Normalisierte Aufgaben-Antwortzeit* (NTRT), die sich aus dem Zeitpunkt der vollständigen Abarbeitung c, dem Auslösezeitpunkt r und dem absoluten Termin d zu $\bar{c} := \frac{c-r}{d-r}$ berechnet. Bei der Ermittlung der Kosten einer Lösung passt der Zuweisungsalgorithmus zunächst die Auslösezeiten aller Arbeitsaufträge an, so dass die Rangordnung eingehalten wird. Anschliessend werden die Arbeitsaufträge in nicht-absteigender Reihenfolge ihrer modifizierten Auslösezeiten angeordnet, so dass disjunkte Blöcke entstehen. Nun wird derjenige Arbeitsauftrag, der die geringsten Kosten in Bezug auf die NTRT verursacht entfernt und dessen Kosten erfasst. Die verbleibenden Arbeitsaufträge werden gemäß ihrer modifizierten Auslösezeit unter Beachtung der Rangfolge neu angeordnet. Diese Schritte werden so lange wiederholt, bis keine Arbeitsaufträge mehr verbleiben. Die Kosten einer Lösung lassen sich als das Maximum der Kosten aller Arbeitsaufträge ermitteln. Zusätzlich müssen jedoch auch noch die Kosten der Arbeitsaufträge mit berücksichtigt werden, die noch nicht zugewiesen worden sind. Für diese wird eine Abschätzung für die obere Grenze der verursachten Kosten ermittelt und denen der Lösung zugeschlagen.

Ablaufplanung: Im Unterschied zum Zuweisungsalgorithmus stellt die initiale Lösung des Ablaufplanungsalgorithmus bereits eine *vollständige* Lösung für das *globale Ablaufplanungsproblem* dar. Diese initiale Lösung respektiert zwar schon die gerichteten und ungerichteten Abhängigkeiten, hält jedoch nicht notwendigerweise alle Termine ein. Werden jedoch alle Termine eingehalten, so ist die Suche an dieser Stelle abgeschlossen. Andernfalls werden nach und nach verfeinerte Lösungen abgeleitet, indem Arbeitsaufträge, die ihren Termin nicht einhalten weiter nach vorne im Ablaufplan verschoben werden. Dies wird erreicht, indem zusätzliche gerichtete Abhängigkeiten in das Aufgabensystem eingefügt werden. Einzelne Lösungen des Suchbaums werden erzeugt, indem die gesamte Last mit Hilfe des *Earliest Deadline First with Deadline Inheritance* (EDF-DI)-Algorithmus eingeplant wird. Als Kostenfunktion zum Vergleich der einzelnen Lösungen dient hierbei die maximale Verspätung aller Arbeitsaufträge einer Lösung. Bei B&B-Algorithmen ist es erforderlich, eine untere Grenze für die Kosten aller ableitbaren Lösungen zu bestimmen. Diese Abschätzung wird verwendet um festzulegen, welche Teilbäume nicht weiter erkundet werden müssen. Im konkreten Fall wird diese untere Grenze errechnet, indem ein vereinfachtes Ablaufplanungsproblem, ohne Abhängigkeiten gelöst wird. Unter diesen Umständen ist

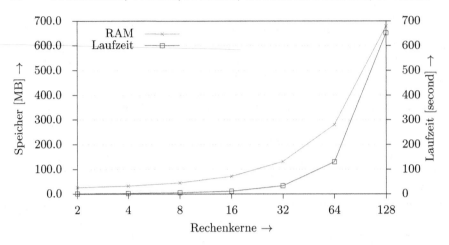

Abb. 1. Anstieg des Ressourcenverbrauchs mit der Anzahl der Kerne des Zielsystems.

der EDF-Algorithmus optimal und es ist unmöglich, dass das Aufgabensystem, das die Abhängigkeiten berücksichtigt, geringere Kosten verursacht.

3.3   Ansatz

Aus Sicht des Echtzeitsystementwurfs erscheint es auf der einen Seite erstrebenswert das System in möglichst feinkörnige Bestandteile zu zerlegen, die dann zugewiesen und eingeplant werden. Dieser Bestrebung kommt das ABB-Konzept entgegen. Jedoch führt diese feinkörnige Zerlegung auch zu schwerwiegenden Problemen: Der sich aus den ABBs ergebende Suchraum ist deutlich größer als derjenige, für den die verwendeten Algorithmen ursprünglich entworfen wurden. Da der Suchraum exponentiell mit der Anzahl der ABBs wächst, besteht die Gefahr, dass bereits bei mittelgroßen Echtzeitsystemen keine durchführbare Lösung mehr in akzeptabler Zeit und mit vertretbaren Betriebsmitteln gefunden werden kann. Mit der Nutzung von Vielkernsystemen wird dieses Problem weiter verschärft. Abbildung 1 zeigt den polynomiellen Zuwachs des Betriebsmittelbedarf beim Abbilden desselben sehr einfachen, also aus wenigen ABBs bestehenden Ausgangssystems auf Systeme mit steigender Anzahl von Kernen.

Komplexität: Aus diesem Grund waren verschiedene Optimierungen bei der Integration der Algorithmen in den Rtsc:MP notwendig. Hierbei wurde darauf geachtet die Optimalität der Algorithmen nicht zu verletzen. Der Ansatzpunkt der Optimierung ist die Ersetzung bislang nicht spezifizierter und daher zufälliger Entscheidungsprozesse in den Kostenfunktionen durch systematische und schneller terminierendere Funktionen. Im Falle des Zuweisungsalgorithmus heißt dies, dass bei ansonsten gleichen Kosten diejenige Lösung bevorzugt wird, in der bereits mehr ABBs zugewiesen sind. Schlimmstenfalls könnte eine zufällige Entscheidung an dieser Stelle dazu führen, dass immer die Lösung bevorzugt wird, die weiter von der Terminierung entfernt ist. Dies würde dazu führen, dass

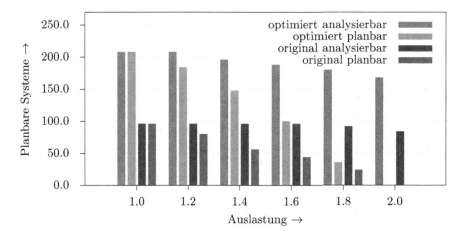

Abb. 2. Die Auswirkung der Optimierungen: Je Auslastungstufe wurden 336 zufällige Ausgangsysteme einmal mit dem originalen Algorithmus und dann mit unserer optimierten Version analysiert und transformiert. Beide Algorithmen hatten jeweils maximal 5,5 GB Arbeitsspeicher zur Verfügung. Sowohl die Anzahl der analysierbaren, als auch die unter Einhaltung aller Termine planbaren Systeme konnten durch unsere Optimierungen teilweise verdoppelt werden. Zusätzlich konnte durch die Optimierungen auch die Laufzeit von durchschnittlich 1794 s auf 852 s mehr als halbiert werden.

ohne Notwendigkeit weite Teile des Suchbaums erforscht werden. Abbildung 2 zeigt den Effekt dieser Optimierungen. Unter der Annahme eines auf 5,5 GB beschränkten Arbeitsspeichers konnte die Zahl der analysierten und planbaren Systeme teilweise verdoppelt werden. Auch die durchschnittliche Laufzeit sank von 1794 s auf 852 s um mehr als die Hälfte.

Abbildung von Modell auf Modell: Der Zuweisungsalgorithmus von Peng et al. berücksichtigt gerichtete Abhängigkeiten, indem Auslösezeitpunkte so verschoben werden, dass alle Abhängigkeiten eingehalten werden. Explizite Abhängigkeiten werden folglich in eine implizite Form umgewandelt. Dies ist jedoch für die Last, die der RTSC dem Algorithmus als Eingabe übergibt, nicht hinreichend. Im RTSC erben alle zu einer Aufgabe gehörenden Arbeitsaufträge, und somit auch deren ABBs, den Termin der Aufgabe. Da dieser jedoch mit in die Berechnung der Kosten einer Lösung eingeht, werden hierdurch Lösungen, die eigentlich unterschiedliche Kosten verursachen sollten, ununterscheidbar. Dies führt dazu, dass weite Teile des Suchraums erkundet werden, ohne dass dies notwendig ist. Schlimmer noch, die Kostenfunktion verliert ihre Monotonieeigenschaft, die für die Korrektheit des Algorithmus zwingend erforderlich ist. Deswegen wurde der Zuweisungsalgorithmus so angepasst, dass zusätzlich auch Termine entlang der Abhängigkeiten der ABBs verschoben werden, so dass diese bereits durch die Auslösezeitpunkte zum Ausdruck kommen.

Einbeziehung der Ausführungsumgebung: Die bis hier durchgeführten Maßnahmen ermöglichen es bereits, den Zuweisungs- und den Ablaufplanungsalgorithmus im RTSC:MP zu verwenden. Jedoch bringt die Verwendung des RTSC:MP für echte Hardware weitere Herausforderungen mit sich: Der Ablaufplanungsalgorithmus wandelt in seiner ursprünglichen Form explizite Abhängigkeiten in verschobene Termine und Auslösezeitpunkte um, was dem Verhalten des Zuweisungsalgorithmus entspricht. Im Falle der endgültigen Ablaufplanung ist diese Herangehensweise jedoch nicht zweckdienlich. Zwar würden auch so alle Abhängigkeiten eingehalten und es würde ein System entstehen, das alle Termine einhält. Das Verschieben von Zeiten zur Einhaltung von Abhängigkeiten begünstigt jedoch Kontextwechsel, was unter Umständen nicht hinnehmbare Verwaltungsgemeinkosten bedingt. Deswegen werden ABBs im RTSC:MP in einer expliziten „Bereit"-Warteschlange verwaltet, was die Abhängigkeiten durchsetzt, ohne dass Zeiten verschoben werden müssen. Dies ermöglicht es in Situationen, in denen mehrere ABBs die gleiche Kosten verursachen so zu entscheiden, dass ABBs bevorzugt werden, die keinen Kontextwechsel verursachen. Auch im Zuweisungsalgorithmus musste eine Anpassung zur Vermeidung von Kontextwechseln vorgenommen werden: Die Kostenfunktion wurde dahingehend erweitert, dass, wenn zwei Lösungen in Bezug auf die bisherige Kostenfunktion gleichwertig erscheinen, diejenige Lösung bevorzugt wird, die weniger Kontextwechsel verursacht. Weiterhin werden im Ablaufplanungsalgorithmus ABBs, die an einem Kontextwechsel beteiligt sind, mit einem Malus auf ihre WCET beaufschlagt.

4   Verteilte Systeme

Ein weiterer Schritt in der Entwicklung von Echtzeitsystemen stellt die Verteilung von Anwendungen über die Grenzen von Rechenknoten hinweg dar. Ein aktuelles Beispiel liefert Airbus [7] mit der Verteilung einer bestehenden und für ein leistungsfähiges Rechensystem entwickelten Fluglageregelungsanwendung. Diese wurde für ein großen Passagierflugzeug entwickelt, soll jedoch in kleineren Produkten wiederverwendet werden. Da in diesen Zielprodukten allerdings nicht die gleichen leistungsfähigen Rechensysteme eingebaut werden können, müssen die Teile der Anwendung die wiederverwendet werden effizient auf mehrere leistungsschwächere Recheneinheiten mit einer vom Ausgangssystem verschiedener Architektur verteilt werden. Dieses Beispiel zeigt auch, dass die Probleme bei der Verteilung nicht nur ereignisgesteuerte Systeme betreffen sondern eben auch schon zeitgesteuert entwickelte Anwendungen betreffen.

Auch in einem solchen Szenario beeinflussen die Entscheidungen, die beim Entwurf der Flugregelung gemacht wurden, stark die Möglichkeiten der Weiterverwendung und Verteilung, obwohl die eigentliche Implementierung der Algorithmen unabhängig von der Ausführungsplattform des Systems erfolgen sollte. Zusätzlich rückt eine neue Frage in den Fokus: An welchen Stellen kann und sollte die bestehende Anwendung aufgeteilt und damit verteilt werden.

Um auch dieses Problem mithilfe der Darstellung mit ABB-Graphen zu lösen, muss der RTSC:MP geeignet zum *Real-Time Systems Compiler for Distributed Systems* (RTSC:DS) erweitert werden.

Modell für das Zielsystem: Bisher modelliert der RTSC:MP die Zusammensetzung des Zielsystems sehr einfach. Da das Zielsystem nur ein Rechensystem mit mehreren symmetrischen Knoten ist, wird das Zielsystem lediglich durch die Zielarchitektur und die Anzahl der Kerne abgebildet. Um in Zukunft auch verteilte Systeme betrachten zu können, muss der RTSC:DS auch komplexe Netzwerktopolgien abgebildet werden. Diese können aus mehreren Teilnetzen bestehen, die wiederum unterschiedliche Netzwerkprotokolle nutzen. Solche Netzwerke sind beispielsweise in Automobilen schon weitverbreitet. Hier werden Netzwerkprotokolle wie LIN, CAN oder Flexray gemeinsam genutzt und über Netzübergangseinheiten miteinander verbunden. Um die zeitlichen Parameter der Kommunikation auch nach den Transformationen des RTSC feststellen zu können müssen die Eigenschaften, insbesondere zeitliche, aller unterstützten Netzwerkprotokolle innerhalb des RTSC nachgebildet werden. Zusätzlich muss bei der Zuweisung von Aufgaben auf die Rechenknoten die angeschlossene Peripherie beachtet werden.

Aufteilung von Anwendungen: Bei der Verteilung bestehender Funktionen auf mehrere Knoten kommt der sinnvollen Aufteilung in einzelne Einplanungs- und Allokationseinheiten eine größere Bedeutung zu als bisher. Ungeschicktes Aufteilen und Verteilen von Codeblöcken mit starker Bindung verursacht jetzt nicht nur zusätzliche Speicherzugriffe, sondern belastet auch das globale Kommunikationsnetz und beeinflusst damit Funktionen, die auf allen anderen Knoten eingeplant werden. Dies kann zur überlast des Netzwerks und damit der Unplanbarkeit des kompletten Systems führen. Um eine solche ungeschickte Aufteilung zu verhindern müssen erweiterte Analysen auf den zu planenden Anwendungen ausgeführt und auch die implizite Kommunikation von Anwendungteilen untereinander betrachtet werden. Damit können Anwendungen dann statt wie bisher nur an Synchronisationspunkten, auch an Stellen, die Kommunikation minimieren, aufgeteilt werden.

Extraktion von anwendungsübergreifenden Abhängigkeiten: Bisher extrahiert der RTSC:MP die Abhängigkeiten innerhalb einer Anwendung und zwischen dem Betriebssystem. Werden jedoch Anwendungen zunächst konsolidiert und anschließend wieder auf mehrere Knoten verteilt, ergeben sich neue Optimierungsmöglichkeiten für die Kommunikation. Anwendungen und Anwendungteile, die auf dasselbe Datum zugreifen oder die in einer, bisher netzwerkbasierten, Produzent-Konsument Beziehung stehen, können auf die selben Knoten zugewiesen werden und so zur Entlastung des Netzwerks beitragen. Um solche Allokationsoptimierungen umsetzen zu können, müssen jedoch zunächst anwendungsübereifende Kommunikationsabhängigkeiten aus den Anwendungen extrahiert und der jeweilige Kommunikationspartner festgestellt werden. Hierfür muss die schon bestehende Extraktion von *lokalen* Abhängigkeiten um ein Verständnis der verbreiteten Kommunikationsstacks erweitert werden und die gewonnenen Abhängigkeiten so aufbereitet werden, dass die beschriebenen Analysen zur Aufteilung von Anwendungen davon profitieren können.

5   Abschluss

Die starke Kopplung zwischen Implementierungsentscheidungen und nichtfunktionalen Eigenschaften tritt gerade bei den meist ressourcenbeschränkten Echtzeitsystemen hervor. Verstärkt wird dies durch ihre Einordnung in die Paradigmen *ereignisgesteuert* und *zeitgesteuert*, die sehr früh in der Entwicklung stattfindet und beträchtlichen Einfluss auf die Weiterentwicklung hat. Die abstrakte Darstellung von Echtzeitsystemen durch *Atomarer Basisblock* (ABB)-Graphen bietet eine Möglichkeit diese Entscheidungen später im Entwicklungsprozess treffen zu können. Verwendung finden ABB-Graphen in dem übersetzerbasierten Werkzeug *Real-Time Systems Compiler* (RTSC), der verschiedene Analysen, Transformationen und die Abbildung auf konkrete Zielhardware ausführt.

Dieser Artikel beschreibt zunächst die prinzipielle Abbildung von Echtzeitsystemen durch ABB-Graphen, um anschließend auf die Erweiterung des RTSC zum Mehrkernsysteme unterstützenden *Real-Time Systems Compiler for Multicore* (RTSC:MP) einzugehen. Davon ausgehend werden die wichtigsten Herausforderungen für die zukünftige Weiterentwicklung zum *Real-Time Systems Compiler for Distributed Systems* (RTSC:DS) wie die erweiterte *Modellierung der Zielplattform*, die *Aufteilung von Anwendungen* und die *Extraktion von anwendungsübergreifenden Abhängigkeiten* erläutert.

Diese Weiterentwicklungen sind notwendig da die Komplexität von Implementierung, Verteilung und Verifikation von Echtzeitsystemen durch neue Trends in der Industrie und der Verfügbarkeit von neuer Hardware stetig steigt. Der RTSC soll dem Entwickler helfen sich auf seine eigentliche Aufgabe, die Behandlung von Ereignissen, zu konzentrieren ohne nichtfunktionale Eigenschaften wie Termine oder die Verteilung der einzelnen Ereignisbehandlungen auf ein heterogenes verteiltes Echtzeitsystem aus den Augen zu verlieren.

Literaturverzeichnis

1. T. F. Abdelzaher and K. G. Shin, "Combined task and message scheduling in distributed real-time systems," *IEEE TPDS*, vol. 10, no. 11, pp. 1179–1191, 1999.
2. A. Bastoni et al., "An empirical comparison of global, partitioned, and clustered multiprocessor EDF schedulers," in *31st IEEE Int. Symp. on Real-Time Sys. (RTSS '10)*. Washington, DC, USA: IEEE, Dec. 2010, pp. 14–24.
3. R. I. Davis and A. Burns, "A survey of hard real-time scheduling for multiprocessor systems," *ACM Comp. Surv.*, vol. 43, no. 4, Oct. 2011.
4. E. Massa, G. Lima, P. Regnier, G. Levin, and S. Brandt, "Optimal and adaptive multiprocessor real-time scheduling: The quasi-partitioning approach," in *26th Eurom. Conf. on Real-Time Sys. (ECRTS '14)*. IEEE, 2014, pp. 291–300.
5. D.-T. Peng et al., "Assignment and scheduling communicating periodic tasks in distributed real-time systems," *IEEE TOSE*, vol. 23, no. 12, pp. 745–758, 1997.
6. P. B. Sousa et al., "Unified overhead-aware schedulability analysis for slot-based task-splitting," *Real-Time Systems Journal*, vol. 50, no. 5–6,Nov. 2014.
7. E. Deroche et al., "Performance evaluation of a distributed ima architecture," in *WiP ECRTS '15*, H. Ramaprasad, Ed., July 2015, pp. 17–20. [Online]. Available: http://control.lth.se/ecrts2015/wip.html

Collaborative Resource Management for Multi-Core AUTOSAR OS

Renata Martins Gomes, Fabian Mauroner, and Marcel Baunach

Graz University of Technology
Institute of Technical Informatics, Graz, Austria
{renata.gomes|mauroner|baunach}@tugraz.at

Abstract. Although the demand for and availability of multi-core processors in the automotive industry increases, the domain-specific AUTOSAR standard for the development of embedded automotive software, due to its inherent concept for static software designs, does not efficiently solve many of the problems related to the truly parallel execution of tasks in multi-core systems. In this paper we focus on the resource sharing problems inherent to the AUTOSAR Operating System and propose the introduction of a more flexible concept. While regular AUTOSAR tasks are unaware of their resource-related impact on each other, we extend the resource manager to issue so called *hints* across cores to notify blocking tasks about their spurious influence on the system. This gives them an opportunity to collaborate with other tasks in order to reduce bounded and avoid unbounded priority inversions as well as deadlocks. It also improves the overall system reactivity and allows to share the underlying hardware more efficiently. In the presented test cases, we could reduce the blocking time for spinlocks significantly, without changing the AUTOSAR API, and still keeping the system deadlock free.

1 Introduction

Due to the increasing complexity and integration density of software components, there is currently a trend in the automotive domain towards the use of multi-core processors. The AUTomotive Open System ARchitecture (AUTOSAR) provides a standard for software development in the automotive domain and is largely accepted by car manufacturers and their software and hardware suppliers. The core functionality of the AUTOSAR Operating System [1], such as scheduling and task management, is based upon OSEK OS [10], which was initially developed in 1993 with single-core processors in mind. To adapt and improve this operating system, AUTOSAR OS extends some functionality, and, since AUTOSAR 4.0, these extensions also include some basic multi-core support.

However, the technology shift from interleaved to truly parallel software execution aggravates many challenges, such as resource sharing and process management. Due to its inherent concept for static software designs, AUTOSAR imposes several restrictions that waste the potential of multiple cores and may even lead to unbounded priority inversions across cores, as shown in Section 3.

This work aims to improve some related AUTOSAR OS concepts in a way that they can be implemented following the standard, while using the underlying hardware more efficiently.

2   Background and Related Work

In resource management, so called *priority inversion* occurs when a low priority task prevents a higher priority task from running. This is usually related to *exclusively shared resources*, which must always be voluntarily released by the task that currently holds them before they can be allocated to another task. The time for which the high priority task waits is defined as the *blocking time* and a task is said to be in its *critical section* while it holds a resource. Assume two tasks H and L with initially high and low *base priorities* that share an exclusive resource r. If L owns r while H requests it, the priority inversion caused by H becoming blocked by L is said to be *bounded* if H's blocking time is limited only to L's critical section. If mid-priority tasks may preempt L in its critical section, the blocking time of H becomes unpredictable, creating an *unbounded priority inversion*. Apart, the term blocking initially relates to single-core systems, while *remote blocking* happens if a task on a core has to wait for a resource which is occupied by a task of any priority on another core.

To cope with problems related to priority inversion, various resource sharing protocols have been developed. Based on *priority inheritance*, where L will inherit H's priority as long as the priority inversion lasts, the Priority Inheritance Protocol (PIP) [13] avoids unbounded priority inversion with a relatively simple implementation. However, deadlocks may occur. The Priority Ceiling Protocol (PCP) [13] in turn uses the concept of ceiling priorities to avoid both deadlocks and unbounded priority inversion. A resource's *ceiling priority* is the highest base priority of all tasks that might access the resource. Further, the *system ceiling priority* is the maximum resource ceiling priority of all currently allocated resources. Task L's priority will only be raised when a priority inversion actually occurs (i.e. H requests a resource owned by L), while the system ceiling already increases as soon as L allocates r. Thus, H can run until it requests r; then H blocks and lets L run again. This way PCP maintains a conservative *safe-state* and avoids deadlocks. To simplify PCP and still keep the system deadlock free, the Highest Locker Protocol (HLP) [4] and the Stack Resource Policy (SRP) [2] extend PCP with two different approaches. HLP raises the priority of L immediately as soon as it acquires r, thus preventing any other task that could eventually block on r to run. SRP introduces the idea of preemption levels, that are related to the task's deadline or priority depending on the scheduling mechanism used. It uses a stack-like approach where a task only preempts another task if its preemption level is higher than the current system ceiling. The effect of both HLP and SRP on tasks is the same: tasks are blocked on preemption instead of later on request. This may effectively block high priority tasks, even though these would not even request the occupied resource for a long time, leading to a potential waste of CPU time and reduced reactivity.

Most of these protocols have also been extended to support cross-core resource sharing: The Multiprocessor Priority Ceiling Protocol (MPCP) [12] minimizes the remote blocking time in multiprocessor environments by boosting the spurious task to a priority higher than the highest base priority of the whole system. This avoids unbounded priority inversions across cores, but still allows tasks designed with low base priorities to block higher priority tasks on other cores by holding an exclusively shared resource. The Multiprocessor Stack Resource Policy (MSRP) [7] extends SRP to busy wait in case a resource is already occupied. All waiting tasks are added to a first-come-first-served queue. Compared to MPCP, the busy waiting mechanism of MSRP performs better for short blocking times because of a lower implementation complexity, and this leads to a lower management overhead. For longer critical sections however, the waiting time severely increases and even resource-independent tasks are prevented to execute.

Apart from the basic protocols, we have also examined the resource management solutions of some commercial embedded multi-core operating systems, such as ThreadX [6], MicriumOS-III [9] and QNX [11]. To the best of our knowledge, they do not implement any dynamic resource management protocol for global resources, although they all support multi-core environments. Only QNX, provided that only one instance of the operating system runs and dynamically schedules tasks to any core, offers a *spinlock* functionality, where a task that tries to allocate an occupied resource waits in a loop (*spinning*) until the resource becomes available.

VxWorks [14] synchronizes its global resources via spinlocks. While task preemption on the spinning core is disabled in any case, interrupts can be configured to remain enabled or completely disabled on the core. In the latter configuration, no interrupt can be handled on the core while a task waits for a spinlock. If access to a spinlock can not be granted immediately, the operating system "orders the requests as close to first-in-first-out (FIFO) order as possible" [14]. Moreover, the spinlock functionality is not accessible in application mode, therefore only privileged functions (i.e., kernel functions) may allocate spinlocks.

AUTOSAR [1] also applies the concept of spinlocks to manage globally-shared resources. In the next section we present further details about the problems of AUTOSAR resource management for both local and global resources.

3   AUTOSAR Limitations

One of the biggest deficits in AUTOSAR multi-core concepts we have identified relates to the management of exclusively shared resources. As defined by AUTOSAR OS [1], mutual exclusion between tasks is done through two different concepts: *resources* and *spinlocks*.

Resources can only be shared within tasks on the same core, and they are managed with the OSEK Priority Ceiling Protocol [10], which works like the HLP (see Section 2). Each resource receives a ceiling priority, that is as high as the highest base priority of all tasks that might access the resource. When a task receives a resource, its priority is immediately raised to the resource's ceiling priority and is reset to the highest ceiling priority of its still allocated resources when the resource is released. This avoids unbounded priority inversion and deadlocks, but might violate the assigned base priorities. Consider for example two tasks: Task L and Task H, with *base priorities* $P_L < P_H$. If Task L holds a resource r that causes its *current priority* $p(L)$ to be raised in such a way that $p(L) > p(H)$, Task H will be blocked by Task L, even if Task H does not currently need resource r. Apart, nested resource occupations within a task must respect the LIFO principle, and tasks may not suspend themselves while occupying a resource, resulting in error-prone and inefficient system designs with severe allocation overhead.

Spinlocks support mutual exclusion for tasks on different cores only, and rely on a busy waiting mechanism. If the lock is already occupied by a task on a core, a (possibly higher-priority) task on another core that also tries to occupy it will simply keep trying until it succeeds, and meanwhile blocks all lower priority tasks on its own core by keeping the core busy. The AUTOSAR standard does not define a dedicated resource management protocol for spinlocks as it does for local resources. Instead, the application designer is advised by the standard to deal with related problems by deactivating interrupts while a task waits and holds a spinlock. This emulates the MSRP by not allowing any other task to run on the same core while one task is in its critical section. Apart, since priorities are meaningful only within a core, no action will be taken by the OS to prevent that a higher priority task is blocked by a lower one on another core, which might consequently result in unbounded priority inversions. Deadlocks are avoided by forbidding spinlock nesting or, alternatively, by defining a globally unified order of occupation and release, which might cause a task to occupy locks earlier than required or release them later than needed, thus unnecessarily increasing the blocking time of other tasks. Another possible cause for deadlocks would be a request by a task on the same core. Instead of letting the task spin forever, the request fails immediately and the problem is shifted to the application layer.

4   DynamicHinting

DynamicHinting [3] is a resource management approach designed to allow tasks to collaborate with each other in sharing exclusive resources. Based on the current resource situation, the OS resource manager sends so called *hints* to blocking tasks to indicate their spurious influence, caused by e.g., an occupied resource. While tasks are always free to decide on ignoring or following a *hint* by releasing the resource, contracts can be specified to guarantee well-defined behavior and response times. If the task follows the *hint* and releases its block-ing resource earlier, even bounded priority inversions can be reduced, leading to a reduced allocation delay for blocked tasks. Unbounded priority inversion can be avoided entirely by combining DynamicHinting with adequate resource management protocols like PIP or PCP. While PCP avoids deadlocks entirely by maintaining a safe state, PIP is much more generous on assigning resources, while deadlocks can be resolved by DynamicHinting without the need for complex recovery methods.

To be able to improve the system reactivity and liveliness, the resource manager needs to gather runtime information about which task should release which resource. Therefore, the operating system must fulfill two preconditions:

1. A lasting resource allocation shall not prevent any task from requesting further resources (otherwise blocking would not become obvious and no hint could be generated).
2. A spurious blocking task must receive some CPU time and opportunity to react on a hint (otherwise a hint would be useless).

While further details can be found in [3], the authors also present three methods for receiving and handling hints:

1. EXPLICIT QUERY: the task must query the resource manager for hints either regularly or whenever their handling would be possible.
2. EARLY WAKEUP: all functions that make a task suspend itself (e.g., sleeping) may return earlier if a hint becomes available or changes.
3. HINT HANDLERS: a special routine, similar to an interrupt service routine, is inserted by the resource manager in the task's execution flow.

5   Proposed Improvements on AUTOSAR

In order to improve the overall system reactivity and cope with the problems mentioned in Section 3, we propose the integration of DynamicHinting [3] into the resource management of AUTOSAR OS.

As described in Section 3, AUTOSAR provides two different concepts for the management of exclusively shared resources: *resources* for the local resources (in a core) and *spinlocks* for global resources (cross-core).

The (local) *resources* are managed with OSEK PCP, which is initially incompatible with DynamicHinting, since a lasting allocation circumvents further requests for the resource. While this issue will be addressed in further work, we will for now focus on multi-core resource sharing.

Spinlocks on the other hand specify no resource management protocol, which leaves most of the problems that emerge from sharing resources between tasks and cores to be solved at application level. We benefit from this lack of a resource management protocol and implement DynamicHinting for spinlocks while also solving other issues related to cross-core resource sharing.

We have integrated DynamicHinting into an AUTOSAR-based operating system with preemptive tasks, different priority levels, no priority awareness across cores, and one instance of the operating system running on each core.

5.1   DynamicHinting Integration in AUTOSAR

Our presented approach will always let a blocked high priority task access the resources it needs with reduced delay, provided that a lower priority task holding the resource releases it as soon as it receives a hint about its spurious influence. This is in contrast to the AUTOSAR standard, where a blocked task has to keep spinning for a resource, leading to unknown allocation delays, significant impact on the core load, and priority violations. A hint will be generated every time a priority inversion across cores occurs or changes. Using shared-memory variables, we keep track of all current hints and the priorities of tasks holding spinlocks and waiting for them. Without presenting further details, these shared variables are adequately protected against concurrent access.

First we modified AUTOSAR's function getSpinlock(). In case the spinlock is already allocated, it inserts the task into a waiting list for the requested spinlock and calls updateHint() right before the spinning starts. The new function updateHint() compares the priority of the task currently holding the spinlock with the priorities of the tasks waiting for it and updates or creates a hint for the spinlock if necessary.

As soon as the spurious task releases the spinlock, the highest priority task will receive it next (*handover*) and the hint will again be updated in function releaseSpinlock(). For that to work correctly, we need to guarantee that the highest priority task waiting for a *spinlock* will always receive it. Since AUTOSAR does not even have priorities over cores, we had to implement a cross-core priority queue. The implementation is detailed in the next part of this section.

Regarding the hint handling options from Section 4, we have implemented only the Explicit Query as a proof of concept. Early Wakeup would not be possible so far, since AUTOSAR forbids tasks to suspend themselves while holding a resource or spinlock. For the implementation of Hint Handlers, we would have to make major modifications on the operating system, while in this work we wanted to change AUTOSAR as little as possible to respect the standard. We plan to cover Early Wakeup and Hint Handlers in future work. For now tasks must call getHint() regularly and follow the hints they receive, to exploit the benefits of DynamicHinting.

5.2 Allocation Order for Spinlocks

AUTOSAR does not specify the order in which two or more tasks that wait for the same spinlock on different cores will receive it. This means that a low priority task might receive a lock sooner than a higher priority task, leading to longer priority inversions and unpredictable blocking times. In contrast, our DynamicHinting approach ensures that the highest-priority task waiting for the spinlock receives it first, once it becomes free.

Our test platform (see Section 6) offers two possibilities for the allocation order: FIFO queue via the operating system or core-specific priority in hardware. In the former, the waiting mechanism in the OS is built based on a request-ordered list. In the latter, all waiting tasks will concurrently try to make a compare and swap on the lock. A hardware bus arbiter will then first grant access to the core with highest priority or treat them in round-robin fashion if they have the same priority.

To cope with this problem and guarantee an allocation order according to the task priorities, we have changed the busy-waiting mechanism for polling the lock variable, in such a way that only the highest priority task that currently waits actually polls the lock variable. Other tasks will wait until they are allowed to poll for the variable. This way we have complete control of which task will receive the lock, independent from the hardware implementation or shared memory arbiter.

5.3   Handling Unbounded Priority Inversion

The next issue raised by the lack of a resource management protocol across cores is that unbounded priority inversion might occur. In order to avoid it, we increase the priority of the task holding a spinlock as soon as a higher priority task in another core requests it, similarly to the PCP. Requesting a spinlock will cause an OSEK event to be set, which activates a special task on the core to which the spinlock is currently allocated. This special task, which has the highest priority on the core, informs the kernel that the priority of the owner task must be increased to that of the blocked task. This forces the owner to remain running or to be resumed as long as it holds the spinlock, limiting the priority inversion to the time in which the lower priority task holds the spinlock. Ideally the kernel itself would process the event, however we left it unmodified to preserve standard compliance.

6   Testbed and Evaluation

6.1   Test Platform

For the implementation and tests, we have used the triple-core Infineon AURIX™ TC297B microcontroller [8] and the open-source OSEK and AUTOSAR compliant ERIKA Enterprise OS V2.5.0 [5], since both systems are widely used in the automotive domain. Measurements were done using an external oscilloscope instead of instrumented code for self profiling. Each task drives 4 digital-output lines to indicate its current state:

- RUN is high while the task is running and low when it is terminated or preempted;
- REQ rises when the task starts a request, is high while waiting for the spinlock, and low otherwise;
- ALLOC is high while the task owns the spinlock;
- HINT is high while a task follows a hint and temporarily releases its spinlock to serve a higher priority task.

6.2   Test Cases and Results

Allocation Order To test and compare our improvements concerning the allocation order, we use one application task on each core. Each task is named after its priority (H for high, M for medium and L for low) and all compete for the same spinlock s. First, Task M requests and immediately receives s. Than H and L block on requesting s. Figure 1 shows the allocation order for the unmodified ERIKA (a), modified ERIKA without hint checking (b), and modified ERIKA with hint checking (c).

Originally, ERIKA offers the possibility of queuing requests for spinlocks, serving them in the order in which they arrive. If queuing is not activated, concurrent access is ordered by the microcontroller in a round-robin scheme, where core c_0 is served first, than c_1, than c_2. This can be seen in Figure 1(a), where c_2 receives the spinlock right after c_1, although c_0 already waits for it with a higher task priority. Figure 1(b) shows our solution when ordering by task priorities. Doing so already decreases the remote blocking time of the highest priority task, which can be crucial for it to remain responsive and keep its deadlines.

Priority Ceiling To completely eliminate the (remote) unbounded priority inversion described in Section 3, we have implemented a mechanism similar to PCP. The priority of a task holding a spinlock will be raised to the lock's ceiling priority as soon as a higher priority task becomes blocked on a spinlock. This way the task that owns the spinlock will not be preempted by other tasks with lower priority than the requester, even though it is executed in another core. Figure 2 shows the original system behavior (a), the behavior with no hint checking (b), and finally with hint checking (c).

In this test case, the high priority task H runs on c_0 while the medium and low priority tasks M and L run on c_1. Initially, H runs without any request and L immediately allocates the spinlock s. Later ①, task M, that does not use s, is started and preempts L. Meanwhile ②, task H makes a request for s and is blocked. H's blocking time in Figure 2(a) is said to be unbounded, since it not only depends on the time for which L uses the resource, but also on the time other tasks run on the CPU (preempting L). To cope with this problem, we set an event when the priority inversion occurs (i.e. when H makes the request). This event activates our special task on the core that currently owns the lock, and this task informs the kernel that the priority of L should be raised to H's priority. When the special task finishes the priority adjustment and waits for the next event, L runs again ③ and has the chance to check for a hint.

DynamicHinting For demonstrating the DynamicHinting functionality, the tasks of both test cases presented in this section periodically query for a hint and always release the spinlock in case they have an spurious influence on the system. Also, the tasks will always request the resource again immediately after releasing it, but due to our well defined allocation order, they will only receive the spinlock again when no other higher priority task needs it. With the priority ceiling we guarantee that the task will have a chance to run and check for a hint when one is present, allowing the quasi-preemptive use of exclusively shared resources. Figures 1(c) and 2(c) show the improvements of integrating DynamicHinting into AUTOSAR. Consequently, the blocking time for task H is clearly decreased, as $\Delta_a \ldots \Delta_c$ indicate in both Figures 1 and 2.

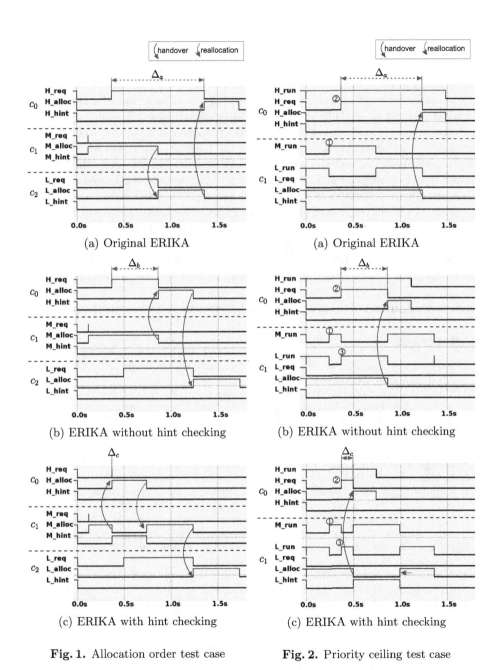

(a) Original ERIKA

(b) ERIKA without hint checking

(c) ERIKA with hint checking

Fig. 1. Allocation order test case

(a) Original ERIKA

(b) ERIKA without hint checking

(c) ERIKA with hint checking

Fig. 2. Priority ceiling test case

7   Summary and Outlook

In this paper we have discussed some problems of AUTOSAR OS concerning its resource management concepts and proposed the introduction of DynamicHinting to cope with these problems. For multi-core systems, we defined a priority-based allocation order for pending spinlock requests and completely removed unbounded priority inversion by raising the priority of blocking tasks when priority inversion occurs across cores. Our solution allows for a unified collaborative spinlock sharing in AUTOSAR, making it possible to more efficiently use multi-core processors in mixed real-time systems with significantly reduced priority inversions and allocation delays reflecting the task priorities. We also kept the system deadlock free and the AUTOSAR API unchanged for compatibility reasons. Apart, task priorities retain their meaning across core boundaries, and they are always respected as long as tasks are collaborative.

In future work, we plan to also implement DynamicHinting for local resources and unify the concepts of resources and spinlocks in AUTOSAR in such a way that application tasks no longer need to differentiate between sharing resources on the same or across different cores. The kernel shall also be modified to notify hints via more flexible programming paradigms as indicated in Section 4.

Acknowledgments This work was partially funded by AVL List GmbH and bmwfw.

References

1. AUTOSAR. Specification of Operating System - AUTOSAR release 4.2.1. Technical Report 034, AUTOSAR, Oct. 2014.
2. T.P. Baker. A stack-based resource allocation policy for realtime processes, 1990.
3. M. Baunach. DynamicHinting: Collaborative Real-Time Resource Management for Reactive Embedded Systems. *Journal of Systems Architecture (JSA)*, 57:799814, Oct. 2011.
4. A. M. K. Cheng and J. Ras. The Implementation of the Priority Ceiling Protocol in Ada-2005, 2007.
5. Evidence Srl. ERIKA Enterprise, http://erika.tuxfamily.org, July 2015.
6. Express Logic, Inc. ThreadX Real Time Operating System for Embedded Development, http://rtos.com/products/threadx/, July 2015
7. P. Gai, M. D. Natale, G. Lipari, and A. Ferrari. A comparison of MPCP and MSRP when sharing resources in the Janus multiple-processor on a chip platform, 2003.
8. Infineon Technologies AG. Semiconductor & System Solutions Infineon Technologies, http://www.infineon.com/, July 2015.
9. Micrium Embedded Software. uC/OS-III Specifications, http://micrium.com/rtos/ucosiii/specifications, July 2015.
10. OSEK. Operating system. Technical Report OS223.doc, OSEK/VDX, Feb. 2005.
11. QNX Software Systems Limited. QNX Neutrino RTOS System Architecture for release 6.5.0, Technical report, 2012.
12. R. Rajkumar, L. Sha, and J. P. Lehoczky. Real-time synchronization protocols for multiprocessors, 1988.
13. L. Sha, R. Rajkumar, and J. P. Lehoczky. Priority Inheritance Protocols: An Approach to Real-Time Synchronization, 1990.
14. Wind River, Inc. Wind River VxWorks Platforms 6.9, Technical report, 2014.

Energieverbrauchsanalyse mittels impliziter Pfadaufzählung und genetischer Algorithmen

Peter Wägemann

Lehrstuhl für Verteilte Systeme und Betriebssysteme
Friedrich-Alexander-Universität Erlangen-Nürnberg (FAU)
waegemann@cs.fau.de

Zusammenfassung. Der Energieverbrauch stellt eine wichtiger werdende Rolle für zahlreiche eingebettete Echtzeitsysteme dar. Daraus ergibt sich die Notwendigkeit energiegewahrer Einplanungsentscheidungen, die neben Echtzeitanforderungen auch Energiebeschränkungen berücksichtigen. Existierende Werkzeuge zur Analyse der maximalen Ausführungszeit (engl. worst-case execution time, WCET) können hierfür jedoch nicht unmittelbar zur Bestimmung des maximalen Energieverbrauchs (engl. worst-case energy consumption, WCEC) verwendet werden, da der Energieverbrauch nicht zwingend mit der Ausführungszeit auf modernen Prozessoren korreliert und somit eine zuverlässige Ableitung des WCEC aus der WCET nicht möglich ist. Folglich müssen WCEC-Werkzeuge die Eigenschaften des Energieverbrauchs der Zielplattform beachten.

Der präsentierte Ansatz stellt eine Lösung dieses Problems der genauen Bestimmung des WCEC dar. Hierfür kommen neben statischen Analysemethoden auch dynamische, messbasierte Techniken zum Einsatz. Weiterhin verwendet der Ansatz Kombinationen aus Methoden, um entweder die Präzision des Ergebnisses zu verbessern oder die Dauer der Programmanalyse zu reduzieren. Falls präzise, feingranulare Energiekostenmodelle für die Zielplattform vorhanden sind, liefert das präsentierte Werkzeug Ergebnisse basierend auf statischer Programmanalyse durch implizite Pfadaufzählung. Alternativ werden genetische Algorithmen mit approximativen Energiekostenmodellen verwendet, um geeignete Eingabedaten zu identifizieren. Die bestimmten Eingabedaten lassen sich schließlich in einem messbasierten Analyseschritt verwenden, welcher eine Energieverbrauchsabschätzung des analysierten Programms ergibt.

1 Einleitung

In zahlreichen eingebetteten Echtzeitsystemen stellt Energie eine limitierende Ressource dar. Diese Ressourcenbeschränkung ist besonders für die zunehmende Anzahl von mobilen, batteriebetriebenen Endgeräten von Bedeutung. Weiterhin können eingebettete Systeme – selbst durch Energie-Harvesting-Mechanismen – keinen unterbrechungsfreien, unbegrenzten Betrieb garantieren, wie beispielsweise solarbetriebene Sensorknoten, auch wenn solche Systeme im laufenden Betrieb erneut Energie zugeführt bekommen.

Zahlreiche Wissenschaftler argumentierten, dass Energie neben Zeit eine äußerst wichtige Rolle in Echtzeitsystemen spielt und folglich Planungsentscheidungen nicht nur basierend auf Ausführungszeiten und Terminen, sondern auch im Hinblick auf den Energieverbrauch einer Aufgabe (engl. task) durchgeführt werden sollen [1, 2]. Dies trifft besonders dann zu, wenn Energie eine Ressource erster Güte in einem Betriebssystem darstellt [3]. Um Zusicherungen bei der Aufgabeneinplanung in Systemen mit gemischten Kriterien zwischen Zeit und Energie zu gewährleisten, muss ein Planer nicht nur die Einhaltung aller Termine sicherstellen, sondern auch, dass beim Starten einer Aufgabe ausreichend Energie für deren Fertigstellung vorhanden ist. Folglich besteht die Notwendigkeit neben dem Wissen über die maximale Ausführungszeit (engl. worst-case execution time, WCET) auch Vorabwissen über den maximalen Energieverbrauch (engl. worst-case energy consumption, WCEC) jeder einzelnen Aufgabe für Einplanungsentscheidungen zu erlangen.

In den letzten Jahrzehnten wurde ein signifikanter Fortschritt bei der Erforschung von Analysetechniken für die Bestimmung der WCET erzielt. Jedoch sind existierende WCET-Analysewerkzeuge nicht unmittelbar für die Bestimmung des WCEC einsetzbar, da die WCEC-Schranke nicht auf sichere Art und Weise aus der WCET direkt ableitbar ist, zum Beispiel durch die Multiplikation der WCET mit der durchschnittlichen Leistungsaufnahme des Systems [4]. Eine höhere Ausführungszeit einer Aufgabe im Vergleich zu einer weiteren Aufgabe bedeutet nicht zwingend, dass auch ihr Energieverbrauch höher sein muss [5]. Dieser Zusammenhang zwischen Zeit und Energie ist der zunehmenden Komplexität von modernen Prozessoren geschuldet, die meist eine Vielzahl an Energiesparmodi unterstützen. Selbst kleinste ARM Cortex-M0+ Mikrocontroller können mehr als zehn unterschiedliche Energiesparmodi unterstützen, die sowohl das Zeit- als auch das Energieverhalten des Prozessors beeinflussen können.

Weiterhin reduziert der Einsatz von Peripherieeinheiten zusätzlich den Zusammenhang aus Zeit- und Energieverhalten erheblich: Zum Beispiel ist in einer Aufgabe das Anschalten eines Pins des Prozessors durch ein Allzweckregister für die Ein-/Ausgabe innerhalb weniger CPU-Zyklen durchführbar, jedoch steuert diese Aktion ein externes Gerät an, wie beispielsweise einen Sensor. Diese Umschaltung könnte zu einer signifikanten Steigerung der Leistungsaufnahme führen und dadurch den Energieverbrauch wesentlich ändern, im Gegensatz zu einem Ablauf der Aufgabe, in dem dieses Anschalten nicht ausgeführt wird.

Folglich benötigt die Analyse des WCEC einerseits das zu untersuchende Programm und andererseits Wissen über das Energieverhalten der Zielplattform. Das Verhalten auf der tatsächlichen Zielplattform lässt sich durch Energiekostenmodelle beschreiben, welche beispielsweise Informationen über den Energieverbrauch von einzelnen Maschineninstruktionen, Inter-Instruktionskosten zweier aufeinander folgender Maschinenbefehle oder Kosten für das Ansteuern von externen Peripherieeinheiten beinhalten.

Das Problem der Bestimmung des WCEC ist somit durch das Finden des Programmpfades mit dem höchsten Energieverbrauch lösbar. Jedoch ist dieser Lösungsweg in zweierlei Hinsicht in der Praxis nicht durchführbar: Erstens ist das explizite Aufzählen aller möglichen zulässigen Pfade und Zustände von Programmen aus Komplexitätsgründen nicht möglich, da selbst in kleinen Benchmark-Programmen zu viele Pfade in Betracht gezogen werden müssten [6, 7]. Zweitens sind für die meisten modernen, auf dem Markt erhältlichen Prozessoren solche instruktionsgenauen Energiekostenmodelle nicht verfügbar.

Das vorgestellte Analysewerkzeug verwendet verschiedene Techniken und deren Kombination zur Bestimmung des WCEC. Sind präzise, absolute Energiekostenmodelle verfügbar, erfolgt eine vollständig statische WCEC-Analyse des Programms.

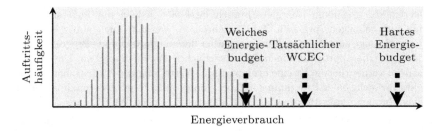

Abb. 1. Exemplarische Auftrittshäufigkeit der Energieverbräuche eines Programms

Alternativ verwendet das Analysewerkzeug Techniken, um geeignete Eingabedaten für das zu analysierende Programm zu identifizieren. Diese gefundenen Eingabedaten werden für eine konkrete Ausführung des Programms verwendet. Während dieser Ausführung lässt sich der tatsächliche Energieverbrauch auf der Zielplattform bemessen.

Für die Bestimmung von Eingabedaten in dieser messbasierten Methode der WCEC-Bestimmung kommen *relative Energiekostenmodelle* zum Einsatz. Relative Energiekostenmodelle beschreiben in einheitslosen Zahlen den Energieverbrauch einzelner Instruktionen in Relation zu anderen Instruktionen. Durch diese Vereinfachung und den approximativen Charakter sind relative Energiekostenmodelle deutlich einfacher zu ermitteln als absolute Energiekostenmodelle. Dennoch ermöglichen diese approximativen Modelle präzise Ergebnisse des WCEC. Diese Genauigkeit verdeutlicht die Evaluation des Ansatzes im Abschnitt 4.

Zur WCEC-Bestimmung lassen sich zwar nicht direkt Analysewerkzeuge der WCET verwenden, jedoch können bestehende Techniken der WCET-Analyse für die Analyse des WCEC angewendet und erweitert werden. Der vorgestellte Ansatz profitiert hierbei von der impliziten Pfadaufzählung [8] (implicit path enumeration technique, IPET) und genetischen Algorithmen [9]. Zusätzlich kommt die Analysetechnik der symbolischen Ausführung zum Einsatz, um Ergebnisse der IPET durch Detektion von Überapproximationen zu verbessern [7].

Die Arbeit ist im weiteren Verlauf wie folgt strukturiert: Abschnitt 2 illustriert einen energiegewahren Einplaner von Aufgaben, der Vorabwissen von Energieverbrauchswerten einzelner Aufgaben berücksichtigt. Im Anschluss wird der Ansatz der WCEC-Analyse vorgestellt (siehe Abschnitt 3). Abschnitt 4 thematisiert die Evaluation des Ansatzes. Am Ende erfolgt eine Zusammenfassung der Arbeit und Schlussfolgerungen werden erörtert (siehe Abschnitt 5).

2   Energiegewahre Einplanung von Aufgaben

Der präsentierte Ansatz zielt auf Systeme ab, die sowohl Zeitanforderungen als auch Anforderungen an den Energieverbrauch haben. Folglich müssen Einplaner sowohl den Termin als auch den Energieverbrauch einer Aufgabe betrachten, um die korrekte Funktionsweise des Systems zu garantieren. Für diese Planungsentscheidungen wird schließlich der maximale Energieverbrauch der Aufgaben benötigt, da der Einplaner gewährleisten muss, dass der Energiebedarf einer Aufgabe nicht das ihr zugewiesene Energiebudget überschreitet.

Der exakte maximale Energieverbrauch lässt sich jedoch nur äußerst schwierig anhand einer einzigen, präzisen Zahl beschreiben, weshalb auch statische WCET-Analysewerkzeuge konservative Annahmen über das zu analysierende Programm treffen und dadurch Überapproximationen der tatsächlichen WCET ausgeben. Um diese Problematik zu verdeutlichen, ist eine exemplarische Verteilung der Auftrittshäufigkeit der Energieverbräuche eines Programms in Abbildung 1 aufgeführt. Der maximal mögliche Energieverbrauch dieses Programms stellt den tatsächlichen WCEC dar.

Die Begriffe *weiches Energiebudget* (engl. soft energy budget, SEB) und *hartes Energiebudget* (engl. hard energy budget, HEB) wurden in Analogie zu den Begriffen der harten und weichen Echtzeit definiert [10]. Weiche Energiebudgets stellen Unterapproximationen des tatsächlichen WCEC-Wertes dar, wohingegen harte Energiebudgets konservative Überapproximationen des WCEC repräsentieren. Bei Aufgaben mit harten Anforderungen an den Energieverbrauch muss die Analyse zwingend gewährleisten, dass diese Aufgabe das ihr zugewiesene harte Energiebudget, welches schließlich für Einplanungsentscheidungen verwendet wird, niemals überschreitet. Ein Beispiel für eine Aufgabe dieser Klasse ist das Verarbeiten von Eingabedaten, die den globalen Systemzustand ändern. Weiche Energiebudget garantieren zwar keine obere Schranke des Energieverbrauchs, können dennoch bei Einplanungsentscheidungen in energiebeschränkten Systemen berücksichtigt werden. Die Unterbrechung von Aufgaben mit weichen Energiebudgets stellt keinen kritischen Zustand des Systems dar. Das Erfassen von Aktivitätsnachrichten in einem System ist ein Beispiel für weiche Anforderungen an den tatsächlichen Energieverbrauch der Aufgabe. Kann ein Einplaner die unterbrechungsfreie Ausführung aller Aufgaben mit hartem Energiebudget nicht mehr gewährleisten, so sind nur noch Aufgaben des Systems mit weichen Energiebudgets einplanbar für deren Einlastung.

3   Energieverbrauchsanalyse

Die Aufteilung in harte und weiche Energiebudgets spiegelt sich auch in der Verwendung der jeweiligen Energieanalysetechnik wider. Dieser Abschnitt erläutert zunächst Energieverbrauchsanalysetechniken, mit Hilfe derer sich sowohl harte (siehe Abschnitt 3.1) als auch weiche Energiebudgets (siehe Abschnitt 3.2) bestimmen lassen, unter der Voraussetzung, dass ein feingranulares absolutes Energiekostenmodell für die Zielplattform vorhanden ist. Im Anschluss werden Optimierungen der WCEC-Bestimmung durch Kombinationen von Analysetechniken vorgestellt (Abschnitt 3.3). Abschließend präsentiert dieser Abschnitt den Ansatz zur Ermittlung der WCEC für Szenarien, in denen kein absolutes Energiekostenmodell vorhanden ist, und daher relative Energiekostenmodelle und messbasierte Analysemethoden zum Einsatz kommen (Abschnitt 3.4).

Abbildung 2 zeigt einen Überblick der Analysemethoden zur Bestimmung von Energiebudgets. Hierbei ist als Eingabe neben dem zu analysierenden Programm und dem absoluten Energiekostenmodell eine Konfiguration notwendig, die bestimmt, ob ein hartes oder weiches Energiebudget erforderlich ist. Die Bestimmung weicher Energiebudgets erfolgt mittels eines genetischen Algorithmus, die Überapproximationen des tatsächlichen WCEC-Wertes dagegen auf Basis der impliziten Pfadaufzählung, die im folgenden Abschnitt näher erläutert wird.

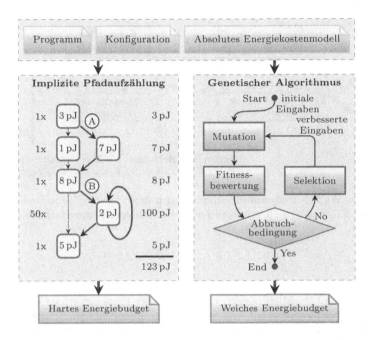

Abb. 2. Analysetechniken zur WCEC-Bestimmung mittels absoluter Energiekosten-modelle zur Ermittlung von harten und weichen Energiebudgets

3.1 Bestimmung harter Energiebudgets: Implizite Pfadaufzählung

Die implizite Pfadaufzählung [8] ist eine Analysemethode, die auf der Struktur des Kontrollflussgraphen basiert (siehe linker Teil der Abbildung 2). Die WCEC-Analyse weist hierbei jedem Basisblock (verzweigungsfreie Sequenz von Instruktionen) seinen maximalen Energieverbrauch zu [4]. Anschließend wird der Kontrollflussgraph in ein Problem der ganzzahlig linearen Programmierung (engl. integer linear programming, ILP) überführt. Die Nebenbedingungen des Problems lassen sich aus den Programm-konstrukten (Schleifen, Verzweigungen) des Kontrollflussgraphen ableiten. Das Resultat des ILP-Problems ist der maximale Fluss durch das analysierte Programm und stellt das harte Energiebudget dar.

Da die IPET auf der Struktur des Programms arbeitet, ohne Abhängigkeiten im Datenfluss kontextsensitiv zu betrachten, können unausführbare Pfade (engl. infeasible paths) im Ergebnis enthalten sein: So ist es beispielsweise im Kontrollfluss in Abbildung 2 nicht möglich zu garantieren, dass beide Verzweigungen Ⓐ und Ⓑ aufeinander folgend zur Ausführung kommen können. Eine Detektion und Beseitigung solcher un-ausführbaren Pfade, die eine Reduktion der Überapproximation des Resultats zur Folge hat, wird im Abschnitt 3.3 behandelt.

3.2 Bestimmung weicher Energiebudgets: Genetischer Algorithmus

Genetische Algorithmen sind stochastische Optimierungsverfahren, die das Prinzip der natürlichen Selektion nachahmen [9]. Der rechten Seite der Abbildung 2 ist zu entneh-men, dass ein genetischer Algorithmus ein iterativer Prozess ist, der auf den Prinzipien

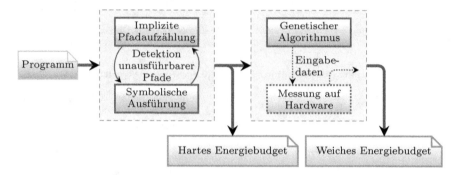

Abb. 3. Der WCEC-Analyseansatz kombiniert unterschiedliche Techniken, um entweder das WCEC-Ergebnis zu verbessern oder die Analysezeit zu reduzieren.

der Mutation und Selektion basiert. Der Start dieses Prozesses erfolgt dabei zunächst mit initialen, beispielsweise mit Null initialisierten, Eingabedaten. Neue Eingaben werden durch das Hinzufügen von Variation mittels Mutationen erzeugt. Die Bewertung der Fitness von Eingabedaten geschieht durch konkrete Ausführung des Programms mit den zu bewertenden Eingaben. Höhere Fitnesswerte kennzeichnen hierbei einen potentiell höheren Energieverbrauch und somit eine bessere Eignung für ein weiches Energiebudget.

Der iterative Algorithmus terminiert, sobald ein vordefiniertes Abbruchkriterium erreicht ist. Dieses Kriterium kann beispielsweise eine bestimmte Analysezeit oder eine Anzahl von Iterationen des Algorithmus sein. Ein weiteres, optimiertes Abbruchkriterium, welches durch die Kombination des genetischen Algorithmus mit der IPET möglich ist, wird im Abschnitt 3.3 diskutiert.

Da genetische Algorithmen ausschließlich ausführbare Programmpfade betrachten, können die bei der impliziten Pfadaufzählung üblichen Überapproximationen nicht auftreten. Mittels genetischer Algorithmen gewonnene Resultate lassen sich für weiche Energiebudgets verwenden. Zwar stellen sie Unterapproximationen des tatsächlichen WCEC dar, können jedoch näher an dem tatsächlichen WCEC-Wert liegen als eine überapproximierende obere Schranke, die aus der impliziten Pfadaufzählung resultiert (siehe Abschnitt 4).

Ein wichtiges Ziel des vorgestellten Ansatzes war es, so weit wie möglich konkrete Ausführungen des Programms mit den zu evaluierenden Eingabedaten auf der Zielplattform zu vermeiden: Die Zielplattformen sind üblicherweise verhältnismäßig schwach im Hinblick auf ihre Rechenleistung. Deshalb wird die Ausführung des genetischen Algorithmus auf einer überdurchschnittlich performanten Rechenplattform simuliert, um die Analysezeit soweit wie möglich zu reduzieren. Zusätzlich kann durch gute Parallelisierbarkeit von genetischen Algorithmen die Analysezeit weiter verringert werden. Dies ist durch Ausführung des Algorithmus auf mehreren Rechenknoten möglich, wie es in der Evaluation der Skalierbarkeit dieses Ansatzes im Abschnitt 4.2 demonstriert wird.

3.3   Kombinationen von Analysetechniken

Der vorgestellte Ansatz zur Energieverbrauchsanalyse kombiniert verschiedene Techniken, um entweder das Ergebnis zu verbessern oder die Analysezeit zu reduzieren. Im Folgenden wird zunächst der Einsatz von symbolischer Ausführung zur Erkennung und Eliminierung unausführbarer Pfade erläutert, welcher zu einer Reduzierung der durch die implizite Pfadaufzählung bestimmten Überapproximationen führt. Im Anschluss erfolgt die Präsentation eines Abbruchkriteriums des genetischen Algorithmus, das durch die Kombination dieser Analyse mit einer vorherigen impliziten Pfadaufzählung möglich ist. Abbildung 3 gibt einen Überblick über die verwendeten Kombinationen der Analysetechniken; Abschnitt 3.4 erläutert den hierzu gehörigen Schritt der *Messung auf Hardware* näher.

Verbesserung harter Budgets: Detektion unausführbarer Pfade. Symbolische Ausführung [7] lässt sich selektiv auf dem zu analysierenden Programm anwenden, um unausführbare Pfade zu detektieren und diese als zusätzliche Nebenbedingungen in der ILP-Formulierung der IPET anzugeben [7]. Das erneute Lösen des Problems beinhaltet eine geringere Überapproximation des tatsächlichen WCEC-Wertes. Es ist allerdings nicht garantiert, dass ein solche selektive symbolische Ausführung alle unausführbaren Pfade findet.

Eine vollständige symbolische Ausführung würde jeden Pfad explizit aufzählen, was die tatsächliche Detektion aller ausführbaren Programmpfade zur Folge hätte. Eine solche Analyse ist jedoch selbst für kleine Anwendungen in der Praxis aufgrund ihres hohen Aufwands nicht möglich, da da diese Programme zu viele Pfade für eine explizite Aufzählung besitzen.

Verbesserung weicher Budgets: Begrenzung des Suchraums. Im Laufe des genetischen Algorithmus bewegt sich das weiche Energiebudget in Richtung des tatsächlichen WCEC-Wertes (siehe Abbildung 1). Mögliche Abbruchkriterien des Algorithmus sind eine definierte Zeitspanne oder eine Anzahl an Iterationen des Zyklus. Beide genannten Kriterien liefern jedoch keine Aussage über die Qualität des Ergebnisses. Das Resultat einer impliziten Pfadaufzählung hilft hierbei, eine obere Schranke des Suchraums zu liefern. Somit lässt sich der Fitnesswert als dessen Energieverbrauch normiert auf das harte Energiebudget der impliziten Pfadaufzählung formulieren. Ein Fitnesswert befindet sich folglich im Wertebereich von größer 0 % bis 100 %. Es ist möglich, dass ein Fitnesswert von 100 % nie erreicht werden kann, da die implizite Pfadaufzählung trotz Analyse unausführbarer Pfade eine Überapproximation darstellt. Jedoch bietet diese Formulierung des Fitnesswertes ein zusätzliches Maß für die Abschätzung des Fortschritts des genetischen Algorithmus. Diese Formulierung des Fitnesswertes ermöglicht es, den genetischen Algorithmus frühzeitig beim Erreichen eines bestimmten Fitnesswertes (beispielsweise 95 %) abzubrechen, welcher als ein akzeptabler Schwellwert für ein weiches Energiebudget angesehen wird.

3.4   Energieverbrauchsanalyse mit relativen Energiekostenmodellen

Absolute Energiekostenmodelle sind für die meisten kommerziell erhältlichen Zielplattformen nicht verfügbar. Die Dokumentation von Energieverbrauchswerten ist typischerweise weniger ausführlich als die Dokumentation des zeitlichen Verhaltens. Dies ist auch dadurch bedingt, dass die Leistungsaufnahme eines Systems signifikant von der tatsächlichen Beschaltung inklusive Peripherieeinheiten abhängt und somit auch deren statische und dynamische Leistungsaufnahme bei WCEC-Analysen betrachtet werden muss. Um nun dennoch die Analyse von Plattformen unter Zuhilfenahme der diskutierten Optimierungen durch Analysekombinationen (siehe Abschnitt 3.3) zu ermöglichen, wurden *relative Energiekostenmodelle* entwickelt, die approximativ in einheitslosen Zahlen den Energieverbrauch von Instruktionen in Relation zu anderen Instruktionen angeben.

Durch die Verwendung eines solchen relativen Energiekostenmodells lässt sich zwar aufgrund des approximativen Charakters des Modells kein hartes Energiebudget mehr bestimmen, jedoch hilft es bei der Identifikation von geeigneten Eingabeparametern durch den genetischen Algorithmus. Mit Hilfe des relativen Energiekostenmodells kann weiterhin die Suchraumbegrenzung durch die IPET vorgenommen werden, wobei auch hier die Möglichkeit besteht, unausführbare Pfade durch symbolische Ausführung zu detektieren. Die approximativen Ausführungshäufigkeiten der Basisblöcke, welche das Ergebnis dieser Analyse darstellen, fließen wiederum in die Formulierung eines Fitnesswertes ein (siehe Abschnitt 3.3). Anschließend erfolgt die Ausführung des genetischen Algorithmus auf einer performanten Rechenplattform, um unter Verwendung des relativen Energiekostenmodells geeignete Eingabedaten zu finden. In einem letzten Schritt kommen diese Eingabedaten für eine konkrete Ausführung des zu analysierenden Programms auf der tatsächlichen Zielplattform zum Einsatz. Während dieser Ausführung wird der Energieverbrauch gemessen, welcher schließlich das weiche Energiebudget darstellt. Für diese messbasierte Art der WCEC-Analyse ist ein präzises Energiemessgerät notwendig.

4 Evaluation

Dieser Abschnitt präsentiert Evaluationen des WCEC-Analyseansatzes für die Freescale FRDM-KL46Z Plattform [10]. Für diese Plattform war ein absolutes Energiekostenmodell bekannt, was die Bestimmung von harten Energiebudgets ermöglicht (siehe Abschnitt 4.1). Weiterhin kam für die messbasierte Energieverbrauchsanalyse von weichen Energiebudgets ein hochauflösendes Energiemessgerät zum Einsatz [5]. Für beide Arten der WCEC-Analyse wurde ein Implementierung des Bubble-Sort-Algorithmus mit 2.000 Eingabewerten verwendet.

4.1 Bestimmung von harten und weichen Energiebudgets

Das harte Energiebudget ist durch eine reine statische Analyse des Programmcodes bestimmbar. Annotationen des Quellcodes waren hierbei nicht notwendig: die Iterationsgrenzen beider Schleifen des Algorithmus konnten mit Hilfe skalarer Werteanalysen der Iterationsvariablen präzise bestimmt werden, welche von der IPET als Nebenbedingungen des ILP Problems verwendet werden. Tabelle 1 beinhaltet die Ergebnisse des bestimmten harten und weichen Energiebudgets. Zusätzlich wurde manuell der WCEC dieses Benchmarks als Vergleichslinie bestimmt. Der durch statische IPET bestimmte Energieverbrauchswert, welcher für ein hartes Energiebudgets verwendet werden kann, stellt eine Überapproximation von etwa 19 % des tatsächlichen WCEC-Wertes dar. Das durch den genetischen Algorithmus und einem relativen Energiekostenmodell bestimmte weiche Energiebudget ist nur eine geringfügige Unterapproximation des tatsächlichen WCEC und zeigt somit die Effektivität dieser Analysetechnik.

Analysemethode	Energie E	Normalisiert $\frac{E}{WCEC}$
Manuell (WCEC)	100,37 mJ	100,00 %
Hartes Energiebudget	119,59 mJ	119,15 %
Weiches Energiebudget (95 % Fitness)	95,05 mJ	94,70 %

Tabelle 1. Resultate der WCEC-Bestimmung eines Bubblesort-Benchmarks [10]

4.2 Skalierbarkeit

Durch die Verwendung von genetischen Algorithmen für das Problem der Bestimmung von weichen Energiebudgets ist eine gute Skalierbarkeit gegeben: Die Bestimmung der Fitnesswerte durch eine konkrete Ausführung beziehungsweise Simulation auf performanter Hardware kann auf mehreren Rechenknoten durchgeführt werden. Um dies zu evaluieren, wurde ein AMD Opteron Server (48 Kerne, 64 GB RAM) eingesetzt. Dabei konnte eine Reduktion der Analysezeit von 295 Minuten bei der Verwendung eines Programmfadens auf 56 Minuten bei der Verwendung von 48 Programmfäden erreicht werden. Der genetische Algorithmus wurde dabei jeweils bei einem Fitnesswert von 95 % abgebrochen.

5 Zusammenfassung und Schlussfolgerung

Die präsentierte Arbeit stellt einen umfassenden Ansatz zur Energieverbrauchsanalyse von eingebetteten Systemen dar, welche Einplanungsentscheidungen basierend auf Energiebudgets erfordern. Je nach Kategorie der Aufgabe können sowohl weiche als auch harte Energiebudgets bestimmt werden. Dabei kommen neben der impliziten Pfadaufzählung und genetischen Algorithmen auch Kombinationen dieser Techniken zum Einsatz, um den Energieverbrauch zu bestimmen.

Der Trend in Richtung autonomer, sich selbst versorgender Systeme könnte in Zukunft weiter fortschreiten, wobei die Herausforderung darin besteht, durch Vorabwissen das Maximum an Zuverlässigkeit solcher Systeme zu erreichen.

Danksagung. Die Arbeit wurde unterstützt durch die Deutsche Forschungsgemeinschaft (DFG) unter dem Förderkennzeichen SCHR 603/13-1.

Literaturverzeichnis

1. M. Völp, M. Hähnel, and A. Lackorzynski, "Has energy surpassed timeliness? – Scheduling energy-constrained mixed-criticality systems," in *Proceedings of the 20th Real-Time and Embedded Technology and Applications Symposium*, 2014, pp. 275–284.
2. C. Imes, D. H. Kim, M. Maggio, and H. Hoffmann, "POET: A portable approach to minimizing energy under soft real-time constraints," in *Proceedings of the 21th Real-Time and Embedded Technology and Applications Symposium*, 2015, pp. 1–12.

3. H. Zeng, X. Fan, C. Ellis, A. Lebeck, and A. Vahdat, "ECOSystem: Managing energy as a first class operating system resource," in *Proceedings of the 10th Conference on Architectural Support for Programming Languages and Operating Systems*, 2002, pp. 123–132.
4. R. Jayaseelan, T. Mitra, and X. Li, "Estimating the worst-case energy consumption of embedded software," in *Proceedings of the 12th Real-Time and Embedded Technology and Applications Symposium*, 2006, pp. 81–90.
5. T. Hönig, H. Janker, C. Eibel, O. Mihelic, R. Kapitza, and W. Schröder-Preikschat, "Proactive energy-aware programming with PEEK," in *Proceedings of the Conference on Timely Results in Operating Systems*, 2014, pp. 1–14.
6. R. Kirner and P. Puschner, "Obstacles in worst-case execution time analysis," in *Proceedings of the 11th Symposium on Object Oriented Real-Time Distributed Computing*, 2008, pp. 333–339.
7. J. Knoop, L. Kovács, and J. Zwirchmayr, "WCET squeezing: On-demand feasibility refinement for proven precise WCET-bounds," in *Proceedings of the 21st International Conference on Real-Time Networks and Systems*, 2013, pp. 161–170.
8. P. Puschner and A. Schedl, "Computing maximum task execution times: A graph-based approach," *Real-Time Systems*, vol. 13, pp. 67–91, 1997.
9. F. Mueller and J. Wegener, "A comparison of static analysis and evolutionary testing for the verification of timing constraints," in *Proceedings of the 4th Real-Time Technology and Applications Symposium*, 1998, pp. 144–154.
10. P. Wägemann, T. Distler, T. Hönig, H. Janker, R. Kapitza, and W. Schröder-Preikschat, "Worst-case energy consumption analysis for energy-constrained embedded systems," in *Proceedings of the 27th Euromicro Conference on Real-Time Systems*, 2015, pp. 1–10.

Testanwendungen zur Überprüfung des PEARL-Sprachsystems auf Sprachkonformität

Christian Ritzler

Hochschule Furtwangen - Hochschulcampus Furtwangen, 78120 Furtwangen
Fakultät Mechanical and Medical Engineering
christian.ritzler@outlook.de

Zusammenfassung. Da die Programmiersprache PEARL eine komfortable Programmierung von Multitasking Anwendungen erlaubt, soll PEARL als Programmiersprache in der Lehre eingesetzt werden. Derzeit entsteht ein PEARL-Sprachsystem [1], namens OpenPEARL90. Das Sprachsystem besteht aus zwei Hauptteilen 1. dem Sprachumsetzer und 2. dem Laufzeitsystem. Als Zwischensprachen wird hierbei C++ eingesetzt um eine einfache Erweiterbarkeit auf neuen Zielplattformen zu gewährleisten.

Um das PEARL-Sprachsystem später in der Lehre einzusetzen, muss dieses auf seine Sprachkonformität getestet werden. Die Sprachkonformität wird anhand der DIN 66253-2 [3] Spezifikation geprüft. Hierfür ist es essenziell, dass die Spezifikation keinerlei Lücken aufweist. Die Testanwendungen werden anhand des Black-Box-Testverfahren für die Plattform Linux entwickelt. Der Schwerpunkt, der Testanwendungen, liegt hierbei in den Bereichen Tasking, Semaphoren und Operatoren.

1 Einleitung

Process and **E**xperiment **A**utomation **R**ealtime **L**anguage (PEARL) ist eine höhere Programmiersprache, die eine komfortable, sichere und weitgehend rechnerunabhängige Programmierung von Multitasking- und Echtzeitaufgaben erlaubt [2]. Die Programmiersprache PEARL wurde mehrmals genormt. Die aktuelle Norm ist die DIN 66253-2 die sich PEARL 90 nennt und erschien im April 1998.

Aktuell gibt es einen PEARL-Compiler Names "Werum-Compiler". Doch das Laufzeitsystem des Werum-Compilers ist nur noch auf älteren Linux-Derivaten (z.B. OpenSuse10 und älter) lauffähig. Des Weiteren gibt es das Testsystem RTOS-UH, das allerdings an eine spezielle Hardware gebunden ist und mit UH-PEARL programmiert werden muss [4].

Deswegen entsteht derzeit unter dem Projekttitel *OpenPEARL* ein neuer PEARL-Compiler, der sich aktuell in der alpha Version befindet. Das Ziel des *OpenPEARL* Projektes ist es, PEARL als Realtime Programmiersprache in der Lehre einzusetzen. Der Vorteil von PEARL, vor allem im Einsatz in der Lehre, ist die restriktive Programmiersprache, in der dem Entwickler gefährliche Programmkonstrukte vorenthalten werden. Durch das Vorenthalten von gefährlichen Programmstrukturen ist es möglich, Fehlermeldungen mit aussagekräftigem Fehlertext zu generieren. Die fokussierten Zielsysteme des *OpenPEARL* Projektes sind alle Linuxdistributionen und FreeRTOS. Auf diesen

Plattformen muss C++ zur Verfügung stehen. Das ermöglicht, dass auf allen Mikrocontrollern Echtzeitanwendungen realisierbar sind. Somit ist auch die Cross-Entwicklung einer PEARL Software möglich.

Um eine sichere und komfortable Benutzung der Sprache PEARL im späteren Einsatz in der Lehre zu ermöglichen, muss folgendes getan werden:

- Den PEARL-Compiler ausbauen, damit alle sprachlichen Mittel von PEARL benutzt werden können.
- Die DIN 66253-2 Spezifikation muss auf Vollständigkeit und Eindeutigkeit geprüft und bei Bedarf ergänzt werden.
- Es müssen Testanwendungen entwickelt werden, um das PEARL-System auf Sprachkonformität zu überprüfen.

2 Abgrenzung und Einschränkungen

In dieser Arbeit werden Testanwendungen implementiert, die das Sprachsystem auf seine Sprachkonformität prüfen. Die Testanwendungen sollen hierzu das komplette PEARL-Sprachsystem auf Korrektheit prüfen. Das heißt, es wird nicht nur geprüft ob der Sprachumsetzer (siehe Abb.: 1) "richtig„ in C++ übersetzt, sondern auch, ob das PEARL Programm nach dem Übersetzen und Ausführen das sprachkonforme Verhalten aufweist. Alle entstehenden Testanwendung werden auf Basis der DIN 66253-2 Spezifikation für die Plattform Linux entwickelt. Der Fokus der Testanwendungen liegt im Bereich Tasking, Semaphoren und Operatoren mit dem Datentyp FLOAT.

3 Analyse

3.1 Black-Box Testverfahren

Das Black-Box Testfahren ist eine Methode des Software-Testverfahren, mit der ohne Kenntnisse des Softwaresystems, also über die genaue Implementierung, Testanwendungen erstellt werden können. Das Softwaresystem wird also wie eine Black-Box behandelt und nur das Verhalten, das nach außen sichtbar ist, wird getestet.

Ein Vorteil von diesem Software-Testverfahren ist auch, dass bei der Erstellung von Testanwendungen, anhand der Spezifikation, häufig Lücken oder ungenaue Beschreibungen der Spezifikation aufgedeckt werden. Ein weiterer Grund der für das Black-Box-Testverfahren spricht, ist die Erstellung von plattformunabhängigen Tests. Es wird zwar der plattformabhängige Teil des Laufzeitsystem hinzugezogen, aber ohne dass die Testanwendungen explizit für diese Plattform implementiert wurden. Somit können die Testanwendungen auf alle vom PEARL-Sprachsystem unterstützen Plattformen portiert werden, ohne dass die Testprogramme modifiziert werden müssen.

3.2 Scheduling

Unter Scheduling versteht man die Zeitablaufsteuerung, das heißt der Scheduler bestimmt welche Tasks zu welcher Zeit Ressourcen belegen (allokieren) drüfen.

PEARL

In PEARL werden die Betriebsmittel, die eine Task benötigt, nach dem *Preemptive Priorty* Scheduling-Prinzip behandelt. Konkurrieren zwei Tasks mit der gleichen

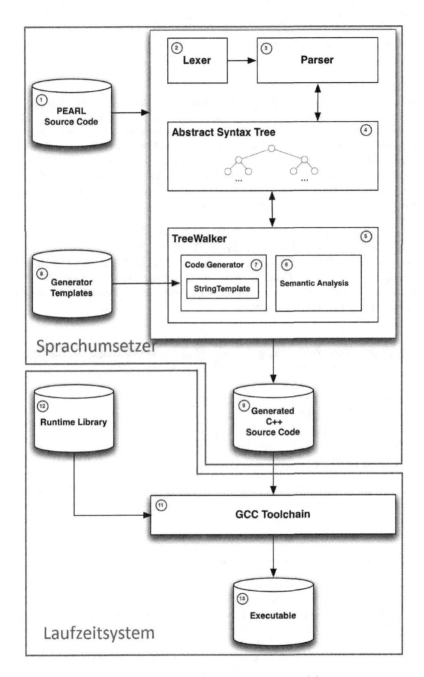

Abb. 1. OpenPEARL90 Architektur [5]

Priorität um den Prozessor, werden diese nach dem *Round-Robin* Scheduling-Prinzip abgearbeitet. Ein wichtiger Hinweis hierbei ist, dass das PEARL-Sprachsystem alle PEARL Tasks einer Anwendung in einem Prozess abbildet und dieser Prozess immer nur auf einem Core läuft. Es sind somit nur Single-Core Anwendungen möglich.

Linux

Linux bietet verschiedene Scheduling Möglichkeiten an. Werden Anwendungen auf der Benutzerebene ausgeführt, kommt der *Completely Fair Scheduler* (CFS) zum Einsatz. Dieser ist ein nicht deterministischer Scheduler. Das bedeutet, dass der Scheduler versucht jeder Task die bestmögliche Laufzeit zu gewährleisten (heuristische Fairness) und hierbei ohne Prioritäten arbeitet. Die Prioritäten die in den PEARL-Programmen angegeben werden, werden vom Scheduler ignoriert. Dennoch müssen die Testanwendungen laufen, das heißt es darf zu keinem Programmabsturz oder Deadlock kommen. Die Programme werden zwar nicht das gewünschte Verhalten aufweisen, aber sie müssen laufen.

Als Adminstrator stehen in Linux eine Vielzahl weiterer Scheduler, außer dem CFS Scheduler, zur Verfügung. Um die Korrektheit des PEARL-Sprachsystem prüfen zu können, müssen die Testanwendungen als *Super-User* ausgeführt werden, unter der Berücksichtigung, dass der Prozess der Testanwendung mit dem Scheduler *SCHED_RR* bearbeitet wird (siehe Abb.: 2). Denn dieser arbeitet nach dem Prinzip, das in der Spezifikation von PEARL festgelegt ist.

```
Terminal - christian@debian7: ~
File  Edit  View  Terminal  Go  Help
christian@debian7:~$ chrt -m
SCHED_OTHER min/max priority    : 0/0
SCHED_FIFO min/max priority     : 1/99
SCHED_RR min/max priority       : 1/99
SCHED_BATCH min/max priority    : 0/0
SCHED_IDLE min/max priority     : 0/0
```

Abb. 2. Linux Scheduler

3.3 Spezifikation der Taskzustände

Da die DIN 66253-2 Spezifikation Lücken aufweist und Spielraum für Interpretationen lässt, gibt es zwei Möglichkeiten, damit umzugehen. Die 1. Möglichkeit ist, dass dieses Verhalten nicht geprüft werden kann, da es nicht möglich ist einen Testfall zu extrahieren bzw. zu verifizieren, da das Verhalten nicht detailliert genug beschrieben ist. Die 2. Möglichkeit ist, das Verhalten selbst zu spezifizieren und anhand der neuen Spezifikation Testfälle zu extrahieren bzw. das SOLL-Verhalten zu definieren. Um das PEARL-Sprachsystem weiterzuentwickeln und dem späteren Benutzer die Handhabung und das frühe Erkennen von Fehlern bei der Implementierung zu vereinfachen, wird die 2. Möglichkeit gewählt. Im Rahmen des PEARL-Projekts, wird eine neue Sprachdefinition herausgegeben, in die die Erkenntnisse dieser Arbeit miteinfließen.

Im Sprachreport sind nicht alle Taskzustände ausführlich genug beschrieben, um das Folge-Verhalten feststellen zu können. Aus diesem Grund wurden Tabellen erstellt, um die Taskzustands-Wechsel visuell darstellen zu können. Hierfür wurden für alle Task-steuerungsanweisungen eine eigene Tabelle erstellt, um eine bessere Übersicht zu gewährleisten. Einer dieser ungenau bzw. gar nicht beschriebenen Zuständen ist bspw. die CONTINUE-Anweisung (ohne Startbedingung) auf Tasks, die sich aktuell im Taskzustand „terminated" befindet. Um dieses Verhalten testen zu können, ist es notwendig es zu spezifizieren. Es stellt sich die Frage, welches Verhalten in diesem Fall geeignet ist. Soll die Anweisung ignoriert werden und somit keinerlei Auswirkungen auf das Programm haben oder ist es besser eine Fehlermeldung zu generieren (Signal). Um das Verhalten der einzelnen Anweisung konsistent zu halten, wurde in diesem Beispiel das Signal gewählt. Denn bei der ACTIVATE-Anweisung (ohne Startbedingung) ist in der Spezifikation beschrieben, dass bei der Ausführung der Start-Anweisung auf eine aktive Task eine Fehlermeldung erfolgt.

"[...] ist die bezeichnete Task bei Ausführung der Start-Anweisung bereits gestartet [...], so erfolgt eine Fehlermeldung" [2, S. 9-8]

In der Abbildung 3 ist eine der erstellten Taskzustands-Tabellen zu sehen. Anhand dieser Tabelle wird exemplarisch die Verständlichkeit der Tabellen erläutert. Alle weiteren Taskzustands-Tabellen finden Sie in [6].
Die abgebildete Tabelle zeigt den „Scheduled CONTINUE" und den „executing scheduled CONTINUE" Befehl. Die „executing scheduled CONTINUE" Anweisung ist kein Befehl, sondern sie beschreibt die Ausführung der Scheduled-CONTINUE Anweisung, wenn die Scheduled-CONTINUE Bedingung vom CONTINUE erfüllt ist. Diese Bedingungen sind alle, die bei der *einfache-Startbedingung* [2, S. 9-11] zugelassen sind. In der linken Spalte der Abbildung sind die Taskzustände zu sehen, die es in PEARL gibt. In der ersten Zeile ist die PEARL-Anweisung zur Steuerung von Tasks zu sehen. In der Abbildung ist der „Scheduled CONTINUE" Befehl und die Ausführung des Scheduled-CONTINUE Befehl bei Erfüllung der Scheduled-Bedingung dargestellt. Die Akronyme *SA, SC, TS* und *NC* stehen für *Scheduled-Activate, Scheduled-Continue, Taskstate* und *No Change*. In der Abbildung wird außerdem jeder Taskzustand in weitere vier Zustände aufgeteilt. Das heißt, es wird unterschieden, ob der Zustand der Task im SA, SC, in beiden oder nur einem vorgemerkt ist. Diese Aufteilung ist nötig, um die Komplexität der Taskzustände visuell darstellen zu können. Denn eine Tasksteuerungsanweisung kann sich unterschiedlich auf eine Task auswirken, wenn diese im SA/SC Scheduler einplant ist.

4 Testanwendungen

4.1 Vorgehensweise

Alle erstellten Testprogramme zielen auf die Prüfung des PEARL-Sprachsystem auf Sprachkonfirmität ab. Das heißt es wird geprüft, ob das PEARL-Sprachsystem das korrekte Verhalten aufweist, wie es im PEARL90 Sprachreport spezifiziert wurde. Es werden keine Performance-Tests und keine Test zur Überprüfung der zeitlichen Genauigkeit bei zeitlich gesteuerten Tasks durchgeführt.
Da eventuell einige Sprachelemente noch nicht unterstützt werden, werden diese in C++ in das PEARL Programm eingebunden. Dies ist möglich mit der Methode _ _ *cpp*_ _ *('* *C++ Code ');*. Alles was zwischen den zwei Hochkommas programmiert wird, wird

Taskstate	PEARL Scheduled CONTINUE			executing Scheduled CONTINUE		
	SA	SC	TS	SA	SC	TS
active [sa = 0, sc = 0]	NC	1	NC	NC	0	not possible
active [sa = 0, sc = 1]	NC	1	NC	NC	0	NC
active [sa = 1, sc = 0]	NC	1	NC	NC	0	not possible
active [sa = 1, sc = 1]	NC	1	NC	NC	0	NC
suspended [sa = 0, sc = 0]	NC	1	NC	NC	0	not possible
suspended [sa = 0, sc = 1]	NC	1	NC	NC	0	active
suspended [sa = 1, sc = 0]	NC	1	NC	NC	0	not possible
suspended [sa = 1, sc = 1]	NC	1	NC	NC	0	active
terminated [sa = 0, sc = 0]	NC	1	NC	NC	0	not possible
terminated [sa = 0, sc = 1]	NC	1	NC	NC	0	NC
terminated [sa = 1, sc = 0]	NC	1	NC	NC	0	not possible
terminated [sa = 1, sc = 1]	NC	1	NC	NC	0	NC
blocked(synch) [sa = 0, sc = 0]	NC	1	NC	NC	0	not possible
blocked(synch) [sa = 0, sc = 1]	NC	1	NC	NC	0	NC
blocked(synch) [sa = 1, sc = 0]	NC	1	NC	NC	0	not possible
blocked(synch) [sa = 1, sc = 1]	NC	1	NC	NC	0	NC
suspended(synch) [sa = 0, sc = 0]	NC	1	NC	NC	0	not possible
suspended(synch) [sa = 0, sc = 1]	NC	1	NC	NC	0	blocked (synch)
suspended(synch) [sa = 1, sc = 0]	NC	1	NC	NC	0	not possible
suspended(synch) [sa = 1, sc = 1]	NC	1	NC	NC	0	blocked (synch)
blocked(io) [sa = 0, sc = 0]	NC	1	NC	NC	0	not possible
blocked(io) [sa = 0, sc = 1]	NC	1	NC	NC	0	NC
blocked(io) [sa = 1, sc = 0]	NC	1	NC	NC	0	not possible
blocked(io) [sa = 1, sc = 1]	NC	1	NC	NC	0	NC
suspended(io) [sa = 0, sc = 0]	NC	1	NC	NC	0	not possible
suspended(io) [sa = 0, sc = 1]	NC	1	NC	NC	0	blocked (io)
suspended(io) [sa = 1, sc = 0]	NC	1	NC	NC	0	not possible
suspended(io) [sa = 1, sc = 1]	NC	1	NC	NC	0	blocked (io)

Abb. 3. Task-States Scheduled CONTINUE

vom Sprachumsetzter ohne Prüfung auf Korrektheit übersetzt. Diese Methode wird vom PEARL-Sprachsystem zur Verfügung gestellt und ist nicht in der PEARL90 Spezifikation spezifiziert.

4.2 Testszenario

Im folgenden wird ein Ausschnitt aus einem Testprogramm genauer erläutert. Alle weiteren Testprogramme sind auf [1] zu finden.

Dieses Testprogramm testet, ob eine Task aktiviert wird und ob die Taskprioritäten korrekt umgesetzt werden. Um dieses Szenario zu testen, wird folgender Ablauf durchgeführt.
Es wird eine Task (ohne Startbedingung) gestartet. Einmal mit der Priorität, die bei der Task-Deklaration angelegt wurde und einmal mit einer höheren Priorität. Da die Task ohne Startbedingung gestartet wird, sollte sie sich sofort bei Ausführung der Anweisung um den Prozessor bewerben.

> *"Als Folge der Ausführung einer solchen Start-Anweisung bewirbt sich die bezeichnete Task sofort (Form ohne Startbedingung) [...] um die Zuteilung des Prozessors - konkurriered mit allen anderen Tasks, die sich zu dem Zeitpunkt des Starts ebenfalls um diesen Prozessor bewerben [...]„* [2, S. 9-8]

Bei der ersten Start-Anweisung wird der Task eine Priorität zugeteilt, die höher ist als die Priorität der Main Task.

"[...] erst wenn sie auch höchstpriore lauffähige Task ist, wird sie gestartet, [...]", [2, S. 9-6]

Das bedeutet, dass die gestartete Task die Main Task verdrängt, da sie höherprior ist als diese. Die aktivierte Task inkrementiert einen Zähler und beendet sich dann. Die Main Task kommt zurück und aktiviert die Task erneut. Dieses mal mit der Priorität, die bei der Task-Deklaration definiert wurde. Bei dieser Start-Anweisung wird nämlich keine Priorität mitgegeben und somit wird die im Task-Kopf vereinbarte Priorität verwendet. Diese Priorität ist niedriger, als die der Main Task. Somit darf die aktivierte Task erst starten, wenn die Main Task sich selbst verdrängt hat bzw. wenn die aktivierte Task die höchstpriore Task ist. Nachdem die Main Task sich kurz „schlafen" gelegt hat, inkrementiert die aktivierte Task eine Zähler-Variable und beendet sich wieder. Die Main Task kommt wieder zurück und prüft alle Variablen auf ihre Korrektheit.

```
1  DCL varTask2 FIXED(3) INIT(0);
2
3  Task1: TASK PRIO 3 MAIN;
4      __cpp__('pearlrt::Control::setExitCode(1); ');
5      DCL (varTask1,check) FIXED(3) INIT(0,0);
6
7      varTask1 := varTask1 + 1;
8
9      ACTIVATE Task2 PRIO 2;
10
11     __cpp__(
12     'if (_varTask2.x == 1) {');
13         check := check + 1;
14     __cpp__('}');
15
16     ACTIVATE Task2;
17
18     __cpp__(
19     'if (_varTask2.x == 1) {');
20         check := check + 1;
21     __cpp__('}');
22
23     AFTER 1 SEC RESUME;
24
25     __cpp__('if(_varTask2.x == 2 && _varTask1.x == 1 && _check.x
           == 2) {'
26         '    pearlrt::Control::setExitCode(0);'
27         '    printf("*** SUCCESS *** \n"); '
28         '}else {'
29         '    printf ("*** FAILED ***\n"); ');
30 END;
31
32 Task2: TASK PRIO 4;
33     varTask2 := varTask2 + 1;
34 END;
```

Listing 5. 600_two_tasks.prl

Im Quellcodeausschnitt 5 ist ein Ausschnitt des Programms zu sehen.

In der ersten Zeile wird ein globales Attribut varTask2 angelegt. Alle Attribute, die im Problemteil angelegt werden und nicht im Taskkörper selbst, sind globale Attribute und können von allen Tasks benutzt werden. Dieses globale Attribut ist nötig, damit die Main Task das Attribut daraufhin analysieren kann, ob die Task2 das Attribut inkrementiert hat. Sobald die Main Task gestartet wird, setzt sie den ExitCode auf 1 (Zeile 4) und es werden zwei lokale Attribute angelegt (check und varTask1). Dann inkrementiert die Main Task das Attribut varTask2 und aktiviert die Task2 mit der Priorität 2. Diese Priorität ist höher als die der Main Task. Somit wird die Main Task verdrängt und die Task2 gestartet, die das Attribut varTask2 inkrementiert und sich dann beendet. Die Main Task wird nun fortgesetzt und prüft, ob die varTask2 den Wert 1 besitzt. Besitzt diese nicht den Wert 1, wurde entweder die Task2 nicht gestartet oder die angegebene Priorität bei der Aktivierung der Task2 nicht korrekt vom Laufzeitsystem umgesetzt. Das führt dazu, dass die Task2 die Main Task nicht verdrängt.

Die Main Task aktiviert erneut die Task2, aber dieses Mal ohne Priorität. Somit hat die Task die vereinbarte Priorität bei der Implementierung. In diesem Fall die Priorität 4 und ist somit niedriger als die Priorität der Main Task. Die Task2 wird also die Main Task nicht verdrängen (siehe Zeile 19-21). Wenn die Task2 die Main Task verdrängt, wird an dieser Stelle die check Variable nicht erhöht. Nach dieser Prüfung suspendiert sich die Main Task für 1 Sekunde und die Task2 wird aktiv, da es keine höherpriore Task mehr gibt. Nach dieser einen Sekunde kommt die Main Task zurück und prüft, ob das Attribut varTask1 den Wert 1 besitzt und das Attribut check und varTask2 den Wert 2. Besitzen diese nicht den gewünschten Wert, wird eine Fehlermeldung ausgeben und der ExitCode wird nicht auf 0 zurückgesetzt.

Diese Testanwendung prüft also, ob der ACTIVATE Befehl (ohne Startbedingung) mit oder ohne Priorität korrekt funktioniert. Zudem wird geprüft, ob die Task, wenn keine Priorität angegeben wird, die vereinbarte Priorität und nicht fälschlicherweise die zuletzt zugewiesene Priorität erhält.

4.3   Automatisierung

Ein Ziel der Arbeit ist auch, die Testprogramme zu automatisieren. Das heißt, dass die Testprogramme automatisch compiliert, ausgeführt und ausgewertet werden sollen. Denn es ist sehr aufwendig, wenn jedes einzelne File von Hand übersetzt und danach ausgeführt werden muss. Aus diesem Grund werden zwei Shell-Scripte implementiert (run-compile.sh und startScript.sh). Das "run-compile.sh" Skript übersetzt (compiliert) alle Testprogramme und gibt aus, ob die Programme korrekt von PEARL nach C++ übersetzt wurden und ob die Files dann korrekt von C++ in eine ausführbare Datei übersetzt wurden. Das zweite Script führt alle übersetzten Testprogramme aus und fängt dabei den gesetzten ExitCode ab, prüft diesen und gibt dann entweder „fail" oder „pass" aus. Da im Projekt jedes Verzeichnis ein „Makefile" besitzt, werden die zwei Scripte in das Makefile eingebunden und sind mit „make build" oder „make run" aufrufbar. Es ist ebenfalls möglich, beide Skripte auf einmal zu starten. Hierzu wird der Befehl „make all" verwendet.

5   Zusammenfassung und Ergebnisse

Das Ziel dieser Arbeit ist die Untersuchung des aktuell entstehenden PEARL-Sprachsystems auf sein korrektes Verhalten, anhand der DIN 66253-2 Spezifikation. Der Schwerpunkt liegt auf der Untersuchung des Tasking, der Semaphoren und der Operatoren mit der Einschränkung auf den Datentyp FLOAT. Da die Spezifikation nach DIN 66253-2 einige Lücken bei der Beschreibung der parallelen Aktivitäten aufweist, wurden die nicht exakt beschriebenen Zustände selbst definiert (spezifiziert) und für die bessere Übersichtlichkeit in Tabellenform dargestellt. Die erweiterte Spezifikation wird in den aktuell entstehenden OpenPEARL-Sprachreport einfließen. Ein weiteres Ziel ist, dass alle Testprogramme automatisiert ablaufen. Das heißt, dass sie alle auf einmal übersetzt, gestartet und ausgewertet werden sollen. Hierfür wurden zwei Skripte implementiert, die in das zur Verfügung stehende Makefile eingebunden wurden. Die Auswertung der Testprogramme erfolgt dabei anhand des ExitCodes des Testprogrammes.

Alle Testprogramme wurden anhand des Black-Box-Testverfahrens entwickelt. Somit sind die Testprogramme plattformunabhängig und können ohne Änderungen im Code auf ein anderes Zielsystem portiert werden.

Im Rahmen dieser Arbeit wurden 35 Testprogramme, in den Rubriken Tasking, Semaphoren und Operatoren entwickelt. Diese Testprogramme haben 25 schwerwiegende und 10 kleinere Fehler im PEARL-Sprachsystems aufgedeckt, die daraufhin behoben wurden. Somit liefern aktuell alle Testprogramme das gewünschte SOLL-Verhalten.

6   Ausblick

Alle erstellten Testprogramme liefern aktuell das gewünschte SOLL-Verhalten. Es ist möglich eine Vielzahl von weiteren Testprogrammen zu erstellen, um weitere sprachliche Mittel von PEARL zu testen.

Es ist ebenfalls möglich, Belastungs- und Zeittests zu implementieren, die zum Beispiel die zeitliche Genauigkeit von zeitlich gesteuerten Tasks untersuchen.

Wenn die Testprogramme auf einen Controller portiert werden, ist es nicht mehr möglich über die Make-Befehle die Testprogramme automatisch zu starten und auswerten zu lassen. Hier müssten alle Testprogramme in verschiedene PEARL Prozeduren überführt werden, sobald das Sprachsystem diese unterstützt. Somit können alle Prozeduren in einem Testprogramm automatisiert nacheinander ausgeführt werden.

Literaturverzeichnis

1. Opensource Projekt OpenPEARL (PEARL Compiler and Runtime System), Prof. Dr. R. Müller, Dipl.-Inform. (Univ.) Marcel Schaible http://sourceforge.net/projects/openpearl/?source=directory [Online: accessed 29. June 2015]
2. GI Fachgruppe 4.4.2 Echtzeitprogrammierung: PEARL90 – Sprachreport, Version 2.0, 1995.
3. DIN 66253-2 : 1998-04 http://www.beuth.de/de/norm/din-66253-2/3359968?SearchID=803447754 Online: accessed 29. June 2015]
4. Arbeitskreis PEARL-Compiler für Linux http://www.real-time.de/ak-compiler.html [Online: accessed 29. June 2015]
5. W.A. Halang, H. Unger: Industrie 4.0 und Echtzeit: ISBN 9783662451083: 1. Auflage 2014
6. Testanwendungen zur Überprüfung des PEARL-Sprachsystems auf Sprachkonformität (Bachelorarbeit), Christian Ritzler, Hochschule Furtwangen WS 14/15

Globale Kontrollflussanalyse von eingebetteten Echtzeitsystemen

Christian Dietrich, Martin Hoffmann und Daniel Lohmann

Lehrstuhl für Verteilte Systeme und Betriebssysteme
Friedrich-Alexander-Universität Erlangen-Nürnberg, 91058 Erlangen
{dietrich,hoffmann,lohmann}@cs.fau.de

Zusammenfassung. Eingebettete Echtzeitsysteme haben eine dedizierte Funktion und einen vorher festgelegten Funktionsumfang. Daraus resultiert ein hohes Maß an explizitem und implizitem statischem Wissen, dass schon zur Übersetzungszeit fest steht. Dieses hohe Maß an Wissen ermöglicht auf Programmiersprachenebene bereits Optimierungen einzelner Programme. Allerdings stoßen diese Optimierungen an der Betriebssystemschnittstelle üblicherweise an ihre Grenzen, da pessimistische Annahmen über die Auswirkungen des Systemaufrufs getroffen werden müssen. Der Übersetzer muss von einer beliebigen Überlappung der Fäden ausgehen, sodass kein gerichteter Informations- oder Kontrollfluss zwischen diesen angenommen werden darf. In eingebetteten Echtzeitsystemen zeigt sich jedoch ein anderes Bild: Aufgrund der hohen Vorhersagbarkeitsanforderungen, ist das Kernverhalten dieser Systeme häufig deterministisch und exakt spezifiziert.

Dieser Beitrag präsentiert eine Methode zur Extraktion gerichteter, flusssensitiven Kontrollflussabhängigkeiten zwischen einzelnen Ausführungsfäden. Hierfür wird die Spezifikation eines echtzeifähigen Kerns mit der Anwendungskonfiguration und der Anwendungslogik verbunden. Aus dieser Verbindung entsteht der globale Kontrollflussgraph, der die Interaktion zwischen Kern und Anwendung einfängt und systemweite Optimierungen über die Kerngrenzen hinweg ermöglicht.

Des Weiteren beschreiben wir zwei systemweite Optimierungen nichtfunktionaler Eigenschaften, die erst durch unsere Analyse ermöglicht werden. Durch spezialisierte Systemaufrufe senken wir die Kernlaufzeit. Des Weiteren führen zusätzlich eingebrachte Zustandszusicherungen zu einer deutlich Zuverlässigkeitssteigerung gegenüber transienten Hardwarefehlern.

1 Statisches Wissen über Echtzeitkontrollsysteme

Eingebettete Echtzeitkontrollsysteme sind spezialisierte Systeme: Die verbauten Rechensysteme sind mit spezialisierten Sensoren und Aktoren ausgestattet und führen eine feste Menge an Funktionen aus. Daher ist es möglich, und auch gängige Praxis, sowohl Hardware als auch Software auf die Anforderungen der Anwendung hin zu optimieren, um die Einzelstückkosten möglichst niedrig zu halten.

Auf Softwareebene tritt diese Spezialisierung an die Anforderungen durch ein hohes Maß an statisch verfügbarem Wissen zutage. Die Kontroll- und Datenstrukturen innerhalb der Anwendungen können statisch ausgelegt werden, da die Schritte zur Sensordatenverarbeitung und zur Aktorenansteuerung vorher bekannt sind. Beispiele statischer Strukturen auf Programmebene sind die Vermeidung von Funktionszeigern und statische Datenallokation, wie sie der MISRA-C [4] Standard vorschreibt, um die Vorhersagbarkeit des Systemverhaltens zu erhöhen. Auf der Systemebene können solche statischen Strukturen die vorherige Festlegung auf eine fixe Menge an Ausführungsfäden sein, wie sie der OSEK OS Standard [5], der aus der Automobilindustrie kommt, verlangt.

Moderne Übersetzer können bereits eine große Menge an statischem Wissen aus der Anwendung extrahieren, um weitreichende Optimierungen auf Funktions- und Programmebene durchzuführen. Allerdings beschränken sich diese Optimierungen auf einzelne Ausführungsfäden, da die Betriebssystemsemantik nicht von der Sprachsemantik abgedeckt wird. Systemaufrufe drücken zwar Abhängigkeiten und Interaktionen zwischen einzelnen Ausführungsfäden und dem Betriebssystem aus, sind jedoch für den Übersetzer selbst zunächst intransparent.

Eine statische Systemauslegung bietet jedoch die Möglichkeit, anhand des vorhandenen *a priori* Wissens, die Interaktion zwischen der Anwendung und dem Betriebssystem zu erfassen und das Verhalten des Kerns in gewissen Grenzen vorherzusagen. Hieraus ergeben sich explizite Abhängigkeits- und Interaktionsbeziehungen zwischen einzelnen Ausführungsfäden, Unterbrechungsroutinen und dem Betriebssystem. Speisen wir dieses statische Systemwissen einem ganzheitlichen Systemübersetzer ein, so kann dieser das Betriebssystem eng an die Anforderungen der Anwendung anpassen.

In diesem Beitrag beschreiben wir eine Systemanalyse, die mit Hilfe des statischen Anwendungswissens einen *globalen Kontrollflussgraphen* berechnet, der den Ausführungsfluss zwischen einzelnen Fäden ausdrückt. Exemplarisch entwickeln wir die Analyse anhand des OSEK OS/AUTOSAR Standards [1,5], welcher vom Anwendungsentwickler detaillierte Annotationen über die Anwendung verlangt und eine definierte und determinierte Systemsemantik aufweist.

2   Systemsemantik am Beispiel OSEK

Die vorgestellte Systemanalyse wird aus drei Informationsquellen gespeist:

1. *Systemsemantik*, definiert durch eine Betriebssystemspezifikation oder ausreichende Dokumentation.
2. *Statische Systembeschreibung*, definiert durch eine anwendungsspezifische Konfigurationsdatei oder Programmcode-Analyse.
3. *Anwendungslogik*, definiert durch die einzelnen Anwendungskontrollflüsse.

Grundlage der Analyse ist dabei ein *definiertes* und *determiniertes* Verhalten des Betriebssystems. Um das Verhalten des Gesamtsystems in gewissen Grenzen vorhersagen zu können, müssen die Auswirkungen einzelner Systemaufrufe durch eine Spezifikation oder zumindest ausreichende Dokumentation *verbindlich* definiert sein. Begründet ist diese Determiniertheit durch die Anforderungen fester oder harter Echtzeiteigenschaften.

Die OSEK/VDX[1] Betriebssystemspezifikation [5] ist eine gemeinschaftliche Entwicklung der Automobilindustrie, mit der Zielsetzung die Integration unterschiedlicher

---

[1] OSEK: „**O**ffene **S**ysteme und deren Schnittstellen für die **E**lektronik im **K**raftfahrzeug"

```
TASK(TaskA) {
    int val = readData();
    buf.append(val);
    if (val == '\n') {
        buf.finalize();
        ActivateTask(TaskB);
        buf.clear();
    }
    TerminateTask();
}

TASK(TaskB) {
    buf.print();
    TerminateTask();
}
```

(a) Anwendungslogik

```
TASK TaskA {
    PRIORITY  = 0;
    AUTOSTART = TRUE;
    SCHEDULE  = FULL;
    TYPE      = BASIC;
};


TASK TaskB {
    PRIORITY  = 10;
    SCHEDULE  = FULL;
    TYPE      = BASIC;
};
```

(b) Systemkonfiguration

Listing 1. Beispielsystem bestehend aus zwei OSEK Tasks. TaskA aktiviert unter einer anwendungsspezifischen Bedingung TaskB durch einen Systemaufruf. Da TaskB eine höhere Priorität aufweist, wird dieser sofort eingelastet. Nach der Beendigung von TaskB wird die Ausführung von TaskA wieder aufgenommen.

Anwendungen von verschiedenen Zulieferfirmen zu vereinfachen. Unter anderem beschreibt die Spezifikation eine Betriebssystemschnittstelle (OSEK-OS) für ein ereignisgesteuertes Einzelkernechtzeitsystem.

Die zentrale Kontrollflussabstraktion wird in der OSEK-Terminologie „Task" genannt und besteht aus einem einzelnen Ausführungsfaden, der Systemeigenschaften besitzt: Jedem Task wird eine statische Priorität und ein eindeutiger Eintrittspunkt zugeordnet. Zur Laufzeit befindet sich ein Task in einem von vier möglichen Zuständen: *bereit, laufend, wartend* oder *suspendiert*. Mit Hilfe von Systemaufrufen oder durch asynchrone Unterbrechungen werden die Taskzustände manipuliert. An definierten Entscheidungspunkten, beispielsweise bei Systemaufrufen, wird der aktuell höchstpriore, laufbereite Task vom Ablaufplaner ausgewählt und in den Zustand *laufend* versetzt.

Des Weiteren bietet OSEK eine Klasse von Unterbrechungsroutinen an, aus denen heraus das System durch Systemaufrufe beeinflusst werden kann. Für periodische Ereignisse stellt OSEK Zähler und Alarmobjekten bereit. Wartezustände und gerichtete Signalisierung werden mittels OSEK Events realisiert. Kritische Bereiche können durch OSEK Ressourcen oder Unterbrechungsblockaden geschützt werden.

In Listing 1 ist ein OSEK Beispielsystem bestehend aus zwei Tasks gegeben: TaskA wird beim Start des Systems automatisch gestartet (siehe Listing 1a) und hat eine niedrigere Priorität als TaskB. Anhand einer Überprüfung innerhalb von TaskA wird entschieden, ob der **ActivateTask** Systemaufruf abgesetzt wird. Am Ende ihrer Ausführung versetzen sich beide Tasks mit Hilfe des **TerminateTask** Systemaufrufs wiederum in den Zustand *suspendiert*.

Da wir sowohl Anwendungslogik, als auch Systemkonfiguration kennen, können wir mit Sicherheit folgendes vorraussagen: TaskA wird durch die Ausführung von **ActivateTask** vom höher prioren TaskB verdrängt, da dieser nun lauffähig ist. Erst nach dessen Beendigung wird die Ausführung von TaskA wieder aufgenommen.

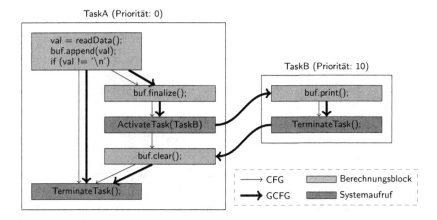

Abb. 2. Lokaler und globaler Kontrollflussgraph der Beispielanwendung.

3 Der globale Kontrollflussgraph

In Listing 1a treten zwei Kontrollflüssübergänge zwischen den Tasks auf. Jeweils ein Task interagiert mit dem Kern, verändert den Systemzustand und führt dadurch den Taskwechsel herbei. Dieser Übergang ist für den Task nicht sichtbar, da seine Ausführung durch die Verdrängung suspendiert ist; auf Taskebene sind Systemaufrufe synchron. Aus dieser Beobachtungen können wir eine Hierarchie der Kontrollflüsse auf unterschiedlichen Abstraktionsebenen angeben:

1. *Funktionsebene*: Der *funktions-lokale Kontrollfluss* (CFG) besucht nur Befehle, die in der Funktion enthalten sind. Funktionsaufrufe wechseln zwar zwischen Funktionen, sind aber aus Sicht der aufrufenden Funktion synchron.
2. *Programmebene*: Der *interprozedurale Kontrollfluss* (ICFG) beachtet zusätzlich Funktionsaufrufe und beschreibt die Ausführungssequenzen innerhalb eines Ausführungsfadens. Er ist gleichbedeutend mit dem *tasklokalen* Kontrollfluss.
3. *Systemebene*: Der *globale Kontrollfluss* (GCFG) beachtet zusätzlich die Auswirkungen der Systemaufrufe und der Kernsemantik. Er beschreibt die Ausführungssequenz, die auf der unterliegenden Maschine stattfindet.

Die übliche Darstellungsform des Kontrollflusses ist der *Kontrollflussgraph*. Ein Kontrollflussgraph verbindet die *Basisblöcke* einer Ebene in einem gerichteten Graphen. In Abbildung 2 ist sowohl der funktionslokale, als auch der globale Kontrollflussgraph für die Beispielanwendung gegeben. In großen Teilen beinhalten die Graphen dieselben Übergänge; allerdings weichen die Kontrollflüsse an den Systemaufrufen voneinander ab, da das Betriebssystem zwischen den Tasks wechselt.

Die Basisblöcke des gesamten Systems werden in zwei Kategorien eingeteilt: *Berechnungsblöcke* dürfen keine Systemaufrufe enthalten und können damit den Betriebssystemzustand nicht direkt beeinflussen; ihr Inhalt ist irrelevant für die Systemanalyse. *Systemaufrufblöcke* enthalten ausschließlich Code, der das System beeinflusst. Des Weiteren reduzieren wir die Anzahl der zu betrachtenden Blöcke, indem wir sogenannte *atomare Basisblöcke* bilden. Diese wurden von Scheler [6] beschrieben und für diese Analyse von uns modifiziert [2].

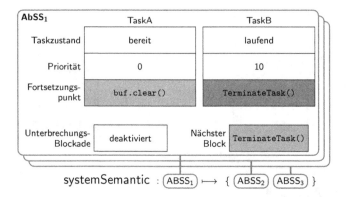

Abb. 3. Der abstrakte Systemzustand beschreibt das System zu einem konkreten Zeitpunkt. Jeder Task hat dabei einen aktuellen Taskzustand und eine Priorität. Der Fortsetzungspunkt ist der Block der ausgeführt wird, wenn ein Task „laufend" ist. Der nächste ausgeführte Block ist der Fortsetzungspunkt des laufenden Tasks.

Führen wir dem Übersetzer die Informationen aus dem globale Kontrollflussgraphen zu, kann dieser Optimierungen auf Systemebene vornehmen. Hierbei sind Konstantenfortschreibung über Taskgrenzen hinweg oder die Entfernung von toten Codepfaden denkbar. Das Ergebnis unserer Systemanalyse eines gegebenen OSEK Systems ist der globale Kontrollflussgraph.

4   Aufzählung der Systemzustände

Grundlage der Systemanalyse ist die Repräsentation des abstrakten Systemzustands, der alle relevanten Verhaltensinformationen des Systems zu einem Zeitpunkt zusammenfasst. Der in Abbildung 3 gezeigte abstrakte Systemzustand (engl. *abstract system state, AbSS*), entspricht dem Zustand des Systems *vor* der Ausführung des **TerminateTask** Systemaufrufs in TaskB. Der niederpriore TaskA ist an dieser Stelle unterbrochen, und damit im Zustand *bereit*. Der zugehörige Fortsetzungsblock ist der direkte Nachfolger des **ActivateTask** Aufrufs innerhalb von TaskA. Mit Hilfe eines abstrakten Modells der Systemsemantik kann nun der Effekt des **TerminateTask** Aufrufs bestimmt und weitere mögliche Folgezustände ermittelt werden. Die Konstruktionsvorschrift für die Folgezustände besteht aus zwei Teilschritten,

$$\texttt{execute}: AbSS \mapsto \{AbSS\}$$
$$\texttt{schedule}: AbSS \mapsto AbSS$$

welche letztlich in der systemSemantic() Funktion zusammengeführt werden:

$$\texttt{systemSemantic}(x) \mapsto \{\texttt{schedule}(y) \mid y \leftarrow \texttt{execute}(x)\}$$

Die Funktion execute() erfasst den Einfluss der Ausführung des „Nächster Block" Feldes des betrachteten AbSS und liefert eine endliche Menge an möglichen Folgezuständen zurück. Für jeden dieser Zustände ermittelt schedule() den im Folgenden laufbereiten Task, entsprechend den Einplanungsregeln der OSEK Spezifikation. Die resultierenden AbSS werden wiederum mittels `execute()` und `schedule()` ausgewertet, bis keine neuen Zustände mehr erscheinen.

Innerhalb der Funktion `execute()` werden auch asynchrone Unterbrechungen modelliert. Aus der Systemkonfiguration geht hervor, welche Unterbrechungen existieren und wo deren Einstiegspunkt ist. Jede dieser Unterbrechungen wird mittels eines unverdrängbaren virtuellen Tasks mit unendlich hoher Priorität modelliert. Bei der Verarbeitung eines Berechnungsblockes emittiert `execute()` für jede Unterbrechung einen Folgezustand in dem der virtuelle Unterbrechungstask als „laufend" markiert ist. Der Fortsetzungspunkt des unterbrochenen Tasks wird dabei nicht angepasst, sodass dessen Ausführung wieder zum unterbrochenen Block zurückkehrt.

Die Gesamtsystemanalyse startet mit einem eindeutigen Startzustand zum Startzeitpunkt des Betriebssystems. Es wird nun wiederholt die `systemSemantic()` Funktion auf neu entdeckte angewendet. Zwischen einem Zustand und seinen Nachfolgezuständen werden gerichtete Kanten gezogen, und das Verfahren wird solange fortgesetzt bis es keine neuen Zustände oder Zustandsübergänge mehr finden kann. Das Ergebnis ist ein *Zustandsübergangsgraph*.

Um den GCFG aus den aufgezählten Systemzuständen zu ermitteln, werden die einzelnen AbSS zunächst anhand ihres systemweiten Fortsetzungspunktes gruppiert. Zwischen zwei Basisblöcken wird schließlich eine GCFG-Kontrollflusskante gesetzt, genau dann wenn mindestens ein Zustandsübergang zwischen den AbSS der beteiligten Blöcke existiert.

Mehrere AbSS innerhalb einer einzlenen Gruppe werden verschmolzen und repräsentieren den erwarteten Zustand *beim Eintritt* in den zugehörigen Block. Der resultierende, vorausberechnete Systemzustand ist die Vereinigung der individuellen Informationsfelder einer Gruppe. Ist ein Feld in allen Zuständen einer Gruppe gleich, so hat das System zur realen Ausführung eines Blockes sicher diesen dynamischen Wert.

5 Systemweite Optimierungen

Der globale Kontrollflussgraph stellt, zusammen mit den verschmolzenen Systemzuständen, eine ergiebige Quelle an Informationen über das System dar. So ist die Menge der möglichen Ausgangskanten eines Systemaufrufblocks die Menge aller möglichen Einplanungsentscheidungen. Der GCFG garantiert zwar nicht, dass jede Flusskante tatsächlich möglich ist, jedoch überdeckt er alle möglichen Übergänge.

Im Folgenden verwenden wir das globale Systemwissen um verschiedene nichtfunktionale Eigenschaften eines OSEK Systems optimieren. Zum einen reduzieren wir die Laufzeit durch den Kern an verschiedenen Systemaufrufstellen, indem wir das Wissen über die möglichen Einplanungsentscheidungen ausnützen. Zum anderen können statische Laufzeitzusicherungen über den Systemzustand eingebracht werden, die die Robustheit des Systems gegen transiente Hardwarefehler erhöhen.

5.1 Spezialisierung von Systemaufrufen

Wie bereits erwähnt, sind die ausgehenden Kanten der Systemaufrufblöcke eine Übermenge der möglichen Einplanungsentscheidungen. Ist nur ein Task von einer Aufrufstelle direkt erreichbar, so steht das Ergebnis der Einplanung bereits statisch fest. Ist nur eine Teilmenge aller Tasks erreichbar, so muss der Planer nur diese bei seiner Einplanungsentscheidung berücksichtigen.

OSEK Implementierungen werden häufig als Bibliotheksbetriebssysteme ausgelie-
fert. Anwendung und Kern werden durch einen Binder kombiniert, wobei Kerndaten-
strukturen durch einen Generator statisch alloziert werden. Dies führt dazu, dass bei
jedem Systemaufruf gleichen Typs die gleiche Codesequenz angesprungen wird. Um das
statische Wissen ausnützen zu können, lösen wir daher diese strikte Kopplung von Auf-
ruftyp und Aufrufimplementierung, indem wir für jede Aufrufstelle eine spezialisierte
Variante bereitstellen.

```
TASK(TaskA) {                          void TerminateTask_BB1() {
    ...                                    SetSuspended(TaskA);
    TerminateTask_BB1();                   GotoIdle();
}                                      }

TASK(TaskB) {                          void TerminateTask_BB2() {
    buf.clear();                           SetSuspended(TaskB);
    TerminateTask_BB2();                   SwitchTo(TaskA);
}                                      }
```

   (a) Anwendung   (b) Spezialisierte Systemaufrufe

Listing 4. Unter Zuhilfenahme der Informationen aus dem globalen Kontrollflussgraphen können spezialisierte Systemaufrufe erzeugt werden, die auf die Situation an der
Aufrufstelle angepasst sind.

In Listing 4 ist eine spezialisierte Kernkomponente für die Beispielanwendung gegeben. Durch Anwendungstransformation wird jede Systemaufrufstelle vereinzelt und
auf eine spezialisierte Implementierung abgebildet. Im Beispiel steht für die **TerminateTask** Aufrufe innerhalb der Anwendung das Ergebnis der Einplanung bereits fest.
Hieraus resultiert, dass die spezialisierte Variante das Einplanen auslassen und den
statisch ermittelten Task direkt einlasten kann.

5.2   Einbringung von Zustandszusicherungen

Durch die zunehmende Verkleinerung der Strukturbreiten der Hardware und verringerte Versorgungsspannungen treten die Probleme transienter Hardwarefehler, die früher
nur aus dem Avionik-Bereich bekannt waren, nun auch vermehrt auf Meereshöhe auf.
In kostensensitiven Industriezweigen, wie dem Automobilbau, sind redundante Hard-
warekomponenten häufig kein adäquates Mittel um mit kurzzeitigem Fehlverhalten der
Hardware umzugehen. Daher sind software-basierte Maßnahmen, die partiell angewendet werden können, eine mögliche Gegenmaßnahme.

Aus der Systemanalyse beziehen wir ein hohes Maß an Wissen über das dynamische
Systemverhalten. Durch die verschmolzenen Systemzustände, können wir des Weiteren
sichere Vorraussagen über den dynamischen Systemzustand an gewissen Punkten machen. Fügen wir nun Laufzeitzusicherungen (engl. assertions) in das System ein, die
diese statisch ermittelten Fakten prüfen, können wir Fehlerzustände erkennen.

Wird eine statisch ermittelte Nebenbedingung der Systemausführung nicht eingehalten, so schlagen die Laufzeitzusicherung an und das Gesamtsystem kann darauf reagieren. Auf diese Weise können die Zusicherungen direkt Datenfehler im Zustandsspei-
cher des Kerns erkennen. Indirekt können sie auch Kontrollflussfehler erkennen, wenn,

durch einen Kontrollflussfehler, ein valider dynamischer Zustand auf eine inkompatible statische Überprüfung trifft.

```
                                void ActivateTask_BB3(Task T) {
                                  enter_kernel();
                                  assert(isRunning(TaskA));
                                  assert(isSuspended(TaskB));
TASK(TaskA) {                     ActivateTask(T);
  ...                             assert(isRunning(TaskA));
  ActivateTask_BB3(TaskB);        assert(isSuspended(TaskB));
  ...                             leave_kernel();
}                               }
```

(a) Anwendung   (b) Angereicherte Systemaufrufe

Listing 5. Aus den verschmolzenen Systemzuständen können Laufzeitinvarianten extrahiert werden mit denen dann einzelne Systemaufrufstellen angereichert werden.

Wir bringen die Laufzeitzusicherungen an den Systemaufrufstellen in das System ein. Welche Zusicherungen möglich sind, ermitteln wir aus den verschmolzenen Systemzuständen; sie bündeln unser statisches Wissen über den Systemzustand zu Beginn einen Systemaufrufes. Das Einbringen der Zusicherungen kann durch eine ähnliche Technik der Systemaufrufvereinzelung geschehen wie sie für die Aufrufspezialisierung verwendet wurde.

In Listing 5 ist eine mit Laufzeitzusicherungen angereicherte Variante des **ActivateTask** Systemaufrufes aus dem Beispiel gezeigt. Die Zusicherungen werden atomar mit dem Systemaufruf ausgeführt, und können sowohl vor dem eigentlichen Systemaufruf, als auch nachdem der Systemaufruf zurückkehrt, Bedingungen überprüfen.

6   Evaluation

Die hier gezeigten Analysen und Optimierungen wurden für das dOSEK [3] System realisiert. dOSEK ist eine OSEK Implementierung, die speziell auf Robustheit und Zuverlässigkeit gegenüber transienten Hardwarefehlern hin entwickelt wurde.

dOSEK weist aufgrund der Absicherungsmaßnahmen höhere Kernlaufzeiten auf und benötigt mehr Programmspeicher als reguläre OSEK Implementierungen. Es ist daher ein geeignetes Ziel für die spezialisierten Systemaufrufe und kann zusätzlich durch die Zustandszusicherungen an Robustheit gewinnen.

Eine detailierte Evaluation ist im Beitrag „dOSEK: Maßgeschneiderte Zuverlässigkeit" innerhalb dieses Bandes zu finden. Kurz zusammengefasst konnten wir die Kernlaufzeit von dOSEK um 25 Prozent und den Programmspeicherbedarf um 65 Prozent verringern. Gleichzeitig halbierte sich die die Zahl der unbemerkten Fehler durch die Laufzeitzusicherungen.

7   Zusammenfassung

Statische Echtzeitsysteme beinhalten eine große Menge an verborgenem Wissen über ihr dynamisches Verhalten. Mit den beschrieben Methoden können wir dieses Wissen für OSEK-ähnliche Systeme zugreifbar machen und für die Optimierung nicht-funktionaler Eigenschaften ausnützen.

Durch die Aufzählung aller möglichen Systemzustände können wir den *globalen Kontrollflussgraph* aufstellen; er enthält alle möglichen Einplanungsentscheidungen des Kerns. Wir nutzen das erworbene Wissen um *spezialisierte Systemaufrufe* in die Anwendung einzubringen, die auf die Anforderungen der Anwendung hin angepasst sind. Des Weiteren können wir durch *Laufzeitzusicherungen* die Einhaltung statischer Fakten, die durch die Systemanalyse bekannt wurden, durchsetzen.

Literaturverzeichnis

1. AUTOSAR. Requirements on operating system (version 2.0.1). Technical report, Automotive Open System Architecture GbR, June 2006.
2. C. Dietrich, M. Hoffmann, and D. Lohmann. Cross-kernel control-flow-graph analysis for event-driven real-time systems. In *Proceedings of the 2015 ACM SIGPLAN/-SIGBED Conference on Languages, Compilers and Tools for Embedded Systems (LCTES '15)*, New York, NY, USA, June 2015. ACM Press.
3. M. Hoffmann, F. Lukas, C. Dietrich, and D. Lohmann. dOSEK: The design and implementation of a dependability-oriented static embedded kernel. In *Proceedings of the 21st IEEE International Symposium on Real-Time and Embedded Technology and Applications (RTAS '15)*, pages 259 – 270, Washington, DC, USA, 2015. IEEE Computer Society Press. Best Paper Award.
4. *Guidelines for the Use of the C Language in Critical Systems (MISRA-C:2004)*. Oct. 2004.
5. OSEK/VDX Group. Operating system specification 2.2.3. Technical report, OSEK/VDX Group, Feb. 2005. http://portal.osek-vdx.org/files/pdf/specs/os223.pdf, visited 2014-09-29.
6. F. Scheler. *Atomic Basic Blocks: Eine Abstraktion für die gezielte Manipulation der Echtzeitsystemarchitektur*. Doktorarbeit, Friedrich-Alexander-Universität Erlangen-Nürnberg, 2011.

Printed in the United States
By Bookmasters